超强学习力
是这样训练出来的

〔台湾〕胡雅茹　著

團結出版社

图书在版编目（C I P）数据

超强学习力是这样训练出来的 / 胡雅茹著. — 北京：
团结出版社, 2017.3
ISBN 978-7-5126-5019-0

Ⅰ. ①超… Ⅱ. ①胡… Ⅲ. ①学习方法–通俗读物
Ⅳ. ①G791-49

中国版本图书馆CIP数据核字（2017）第057975号

超强学习力是这样训练出来的

〔台湾〕胡雅茹　著

出　　版：团结出版社
（北京市东城区东皇城根南街84号　邮箱：100006）
电　　话：（010）65228880
发　　行：（010）51393396
网　　址：http: //www.tjpress.com
E- mail：65244790@163.com
经　　销：全国新华书店
印　　刷：北京佳顺印务有限公司

开　　本：170 × 240　1/16
印　　张：15.5
字　　数：142千字
版　　次：2017年4月第1 版
印　　次：2017年4月第1次印刷

书　　号：978-7-5126-5019-0
定　　价：38.00元

推荐序

建构学习的优质惯性

台湾辅仁大学织品服装学系兼任讲师　尹承达

在各行各业中，无论是组织或个人，为了因应快速变迁与高度竞争的环境，对多样态的教育训练与投资有增无减，原因是“人”乃组织的最大资产。任何组织都有目标及专业领域，如何透过教育训练养成符合组织目标的人力资源是一个重大的课题。

相信每位读者或多或少都有参与教育训练课程的经验，但往往对个人及组织的目标没有积极落实，或者有落实困难，我认为现阶段的成人教育太过强化“专业”与“技巧”，而忽略了“综合能力”与“优质惯性”的养成。以我所服务的研究单位来举例，单位为了扩大产业服务与营收，不断对员工施予营销相关的教育训练，从制度层面强化奖惩效应，项目管控愈加严格，员工勤奋不懈，但绩效却不断下滑，是“人”不够努力吗？恐怕不是！我认为是教育方向上出了问题，员工上了营销策略的全面课程，却不知如何务实地执行；上了销售技巧的课程，又无法于多变的营销谈判中展现应变能力；尽管“人”有了“专业”与“技巧”，缺乏通才性的“综合能力”与“优质惯性”，也就是缺乏“观察力”、“联想力”、“专注力”、“创造力”、“逻辑力”，所以无法百分之百地落实组织的目标。

吾人于辅仁大学兼任专业科目教职十五年来，无时不要求自己，在为人师表上，不仅是知识的传承与创新，更是专业的态度与热情；讲授一堆专业知识，不如启发主动学习的兴趣与优质惯性的养成。

产业的竞争愈加激烈，跨“多种专业领域”及“异业整合”已是必然趋势，而具备“综合能力”与“优质惯性”才能务实地完成组织目标。很高兴胡雅茹小姐能在多年从事右脑开发工作后，整理心得与经验，闭关写作，提供建构“未来能力”的工具书给积极成长的组织与个人。

推荐序

调整出好的学习体质

台湾天盛网络科技董事长　朱淑芬

我们这一代绝大多数的人都因家中环境的关系，无法一路平顺地接受教育读完大学。通常在出社会后，开始从工作中学习许多的工作技能，但对我们来说，工作中的学习才是让我们生活下去的技能，即使工作超过二十年了，我还是不断地在工作中学习。在当今信息爆炸及社会快速发展的情况下，“学习”占了我一天生活中的比例完全不亚于我的大学儿子，真的是“活到老，学到老”。

在这本书中，开篇便清晰而切中要点地说出了上班族一边工作一边学习的无奈，以及一般人在学习方面最重要的盲点；学习就是为了要让自己生活得更好，而学习方法影响学习效率，学习能力影响学习技巧，学习心态影响学习能力。诚如作者所言，学习不是找捷径，任何一种学习都不是要让你马上成为一个全方位的天才，向上学习的山路捷径，常常也是造成山崩的原因。本书特别帮我们找出过去在学习上，我们有哪些不良的现象或习惯，影响我们学习的心态，妨碍我们吸收速度的主因。借此厘清自我的状况，再搭配书中的练习，一步步调整个人的脚步，让我们用适合自己的方式，就像自己另外搭一座登山缆车一样，直通学习的目的地。

个人转职专事于教育推广工作，仅短短三年，但这三年间我看到了许许多多父母的共同苦恼。由于媒体信息的发达，要让父母知道现在流行什么样的课程不是个问题，问题是出在连父母都不知道究竟学什么才是对小孩有帮助的。其实，如果父母阅读这本书，一定也能将眼光放远，协助小孩建构他们自己的学习登山缆车，不仅学得轻松愉快，也能沿路欣赏学习途中的风景。

美国太空总署计划送一个人到金星，但是有可能无法再回地球。于是跟每一个航天员一一面试。第一位美国工程师，被询问想得到多少报酬。他回答："一百万，我要把钱捐给我的母校。"第二是个英国医生，他要求二百万："我要留一百万给我家人，一百万则作为医学上的研究基金。"

第三个是台湾人，他小声地在面试者的耳边说："三百万。"面试者问："为什么比其他人多了这么多呢？"这名台湾人回答："如果你给我三百万，我给你一百万，自己留一百万，剩余一百万我们可以把美国工程师送到金星去。"

这是网络上流传的一个笑话，叫做"生意子难生"（台湾俗语），说出了懂得多样性思考的人，能够看到别人看不到的获利。台湾过去教育强调单一标准，过去认为这样的小孩很不容易培养，被认为这是天赋，所以要生出这样脑筋灵活的小孩不是父母可以控制的，其实每个人都能成为头脑灵活的生意人。西方谚语中有一个笑话，百分之五的人确实正在用脑，百分之五的人以为自己正在用脑，百分之五的人用脑是不得已的，最后百分之八十五的人认为与其用脑不如死掉算了。

我常常跟我的伙伴说，教育是一个人表现的基础，想要小孩学习优秀，父母自己要懂得帮孩子筛选最好的教育环境与教育工具。最好的教育环境就是家里，父母可以运用本书在日常生活中练习，亲子彼此互动，自然地养成优秀的学习能力。

网络活动早已是生活型态，也是学习型态的趋势：无障碍空间的学习。孩子喜欢悠游于网络世界，孩子的模仿力强，网络上多元化的教育形式，让孩子学习的方式变得更加活泼、更加愉快，强烈引发孩子的高度自学兴趣。同时有鉴于现代的双薪家庭结构，很难由父亲或母亲任一方来全职教育孩子，父母更要懂得选择最好的教育工具与内容，让孩子能够正确地自己学习。

过去的表现不等于未来的结果，我从事网络教育工作以来，不断地教育我的客户正确的学习观念——好的学习能力，不管内容怎样变化都可以有良好的学习效果。就像冬令进补一样，体质不好的人还不能补呢，学习的体质调整好了，吸收就容易了。在本书中也很清楚地说明大脑方面的相关研究与学习理论，破解智商的迷思，与分析自我过去学习的不良习惯，明白地指出“观察力”、“联想力”、“专注力”、“创造力”、“逻辑力”是学习力的基本能力，并且不分年龄都能借由练习不断精进。

跟雅茹认识实在是机缘，她很有热忱亦有使命，帮助许多学生与孩子突破她们的学习困境，书中她不吝啬将多年深研的心得秘方分享出来，跟我所从事的网络教育工作，在理念、观念上是不谋而合的，相信阅读本书的人，都可以好好地自我学习，打造自己强健的学习体魄。

推荐序

快乐的学习护照

医学博士　徐养民

子曰：“学而时习之，不亦乐乎。”学习本来应该是件很愉快的事情，可是在二十一世纪的今天，一切都讲求专业，崇尚文凭、证照，反而把学习带向苦涩。胡雅茹女士的著作很自然地化解了这个苦涩的问题，把学习带向活泼与生动。她的方法，让学习不仅能事半功倍，更能加强记忆的效果。就好像有人考试开夜车苦读，考完试一切便忘光光，这样的学习真不知道能带给现代学子什么样的收获？

这是一本教你如何快乐阅读轻松学习的书，我用愉快放松的心情读完这本书，相信它对每个人的学习助益匪浅，特为书作序，与想在学习上突飞猛进者共享。

推荐序

新的学习观

台湾台北教育大学校长　庄淇铭

我在学校教授“未来学”多年，始终以持续推动新观念给社会大众为我的骄傲。新的一年来临，我要介绍一个新的观念给社会。“终身学习”的观念已经落伍了。现在要开始以“终身知管”取代“终身学习”。

何谓“终身知管”？终身知管就是终身知识管理，也就是以“知识管理”取代“学习”。

在许多人的观念中，读书是为了考试，学习是为了要有好成绩，因而形成填鸭式的教育——将书本上的资料硬塞到头脑里，然后考试的时候，填写在考卷上。等考完试就将所学的全还给老师。这种旧式学习观当然应该被淘汰。目前最新的学习观，应该是全方位的从五个面向来考量学习。这五个面向是：（1）学习什么知识。（2）有效率的学习。（3）运用所学知识。（4）萃取新知识。（5）创造新知识。这五个面向的整合就是“知识管理”的核心。过去我们的“学习”观念，在“知识管理”的领域中，只是其中的一小部分，而且已经跟不上时代潮流了。

西方有一句名言：“人不是因为吃饭而活下来，是因为消化食物而活下来。”这句话的背景时代是农业社会。而且这句话要提醒我们的是，光“吃饭”不一定能让人活下来，要能“消化”食物转成“能量”，才能生存。在当下的知识社会，以这句话来比喻学习，仍然相当适用。我们可说：“人不是因为拥有许多信息而有存活的竞争力，人是因为懂得如何学习消化知识、运用知识以及创造知识，才有竞争力得以存活。”因此，从片面的“学习”提升到“知识管理”，将影响个人、组织乃至一个国家的竞争力。可惜的是，目前推动“知识管理”的单位并不多，相关书籍的信息也未如人意。身为一个教育工作者，为此景感到忧心。不过，很高兴的是，看到了雅茹写的这本书，其主要的内容所包含的观察力、联想力、专注力、创造力、逻辑力等，正是“知识管理”的主要内涵。

我在《执行力》一书中得到一个观念，再好的理论与愿景，如果不能执行，最后都沦为空谈。也就是说，执行力决定事情的成败。好的理论，如果无法执行，那只是空谈。有趣的是，想要有好的理论、好的执行力，相对地在学习过程中，也需要一个触类旁通的学习能力，才能产生一个好的理论，进而有高效的执行能力，况且许多的理论是在不断地执行与学习的过程中被发现获得的。所以，学习理论与执行在某种程度上是相辅相成的。

我长期担任这个领域的教师，本身也投入学习的行列。我常常从自己切身的学习中，体会出新的学习理论与方法。

五年来，我完成了近二十本有关效率学习与知识管理的书，资质与思维均称上等的雅茹，当然也会在教学过程参悟许多学习的新观念及优异学习方法。因此，我很高兴，在知识管理界又多了一名生力军。

推荐序

感动再教化的学习模板

台湾台北文成补习班班务主任　张治华

很高兴终于看到这一本工具书出版，在补教界一路走来，始终只看到学子们埋头苦读又不得章法，实在是辛苦。透过学妹的这本书的出版，希望能够帮助学子们在课业学习上有效率的大提升，更期望能提供那些在职场上终身学习的好朋友们，能有一本可以帮助自己“改变学习习惯”的工具书，进而达到事半功倍的效果。

从本书的内容，不难看出作者运用多年的教学实务经验及右脑开发学习的观点，提供给读者们一种新的思维，也借着这个新思维——学习力，将“观察力”、“联想力”、“专注力”、“创造力”、“逻辑力”等，做了一个新的整合，最后再在“创造良好的学习环境”中，达到最佳的学习效果。

我始终深信：教育是一种“因感动而教化”，也是一种“因教化而感动”的事业。在教育的过程中，如果先能“感动”学子，再予以“教化”，相信学生的心理一定能产生共鸣。所以我推荐这本书与读者们分享，希望这本书能“感动”读者，进而帮助读者，也算是功德一桩。

透过作者的文笔有系统地整合出学习方法，加上出版社的统合支持，诞生一本书，着实不容易，希望这本书能带给所有读者们一个新的启示与新的学习态度。

作者序

缺少学习＝未来的负担

全球化竞争日趋激烈，产业变动性不断增加，职场人士必须持续学习以因应变动，就个人而言，学习意愿代表一位职场人士是否有反省能力，知道自己不足而持续学习，“拒绝成长的个人，对组织而言是负担”。再忙也要学习，加倍学习，冷门学历也会变热。因为学历失去了光芒，许多人加入了在职进修的行列，帮自己的未来加分，但是要如何同时兼顾职场工作与进修课业呢？

从前有一个年轻人在练习射箭，不过所射出去的箭，都没正中靶心。年轻人天天努力继续射箭，不过还是没有射中靶心。突然他想到了一个方法，那就是只要在射出的箭的旁边，画上箭靶，这样看起来就像射中靶心一样。

年轻人对想到的这个方法相当得意，觉得应该要有一幅射箭英姿画像才是。于是他要求一位老画家帮他画肖像。画家认真地画画，过一会儿画家站起来走到年轻人面前，很用力地将年轻人的衣服扣子扯掉。

“好啦！这样子就跟我画的是一样了。”画家回座位继续作画，过了一会儿，又走到年轻人面前，拿着剪刀把年轻人的裤管剪掉一大段。

“好啦！这样就又跟我画的一样了。”画家微笑着继续画画，突然画家跳了起来："唉呀！我忘了画耳朵了。"

年轻人听到这句话，马上吓得脸色发白，捂住自己的耳朵夺门而出。

所以当我们面临失败时，我们就会知道原来我们错解了正确方法。当我们学习效果不好时，我们还不一定知道原来我们一直没有抓到重点方法。

很多人都想找到成功的捷径，但是学习力的培养是无法一步登天的，就像减肥一样，立即见效的方法通常很伤身又不持久。

人说："教育是百年大计。"一个人就应该为活到老学到老做打算。什么是可以用一辈子的能力呢？

台湾的总体教育环境出了两个关键的问题：一个是不管是大人或小孩，我们可以教他学习的技巧，但我们无法让他喜爱阅读。就像美术老师可以教导学生使用画笔的技巧，但无法让学生对于画画这个行为产生兴趣一样。另一个是我们可以慢慢引发学生的阅读动机，但是这是要花时间去养成学生的学习习惯的。就如同美术老师可以引导学生去欣赏美术，但是不能立即改变学生，养成欣赏艺术品的习惯一样。

"学习"是一种习惯，是一种自小家庭环境塑造而成的气氛所自然而然养成的习惯。

林肯出自拓荒者的家庭，小时候家中很穷，父母无法提供书籍或玩具给他，七岁时必须白天到外面帮忙捡柴火，但每天晚餐后妈妈会用短暂的时间给他和姐姐讲很多故事。林肯真正受正规教育的时间只有四个月，家中太穷了连小学都无法就读。

但是母亲每天讲故事的时光，让林肯对于读书及了解新事物来认识世界，有了很大的兴趣。当他长大之后，反复自修阅读英国法律注解，还成为了一位律师。

“学习能力”是一种综合能力。在课堂上我教导成人许多可以“表现出好的学习效果的技巧”，像是“增强记忆力”、“加强吸收能力”、“发挥创造力”、“培养理解力”、“增强阅读能力”等。最后学生总发觉好像要掌握这些“可以表现出来的能力”之前，自己的“观察力”、“联想力”、“专注力”、“创造力”、“逻辑力”不够，所以上述的能力表现不出来。

最好的学习是不要学习。回想过去三十年前没有空调的夏天，当感到炎热时自然而然就会用扇子或是去开电风扇。现在当感到炎热时变成去开空调，开了空调还觉得热时，就把冷气再开强一点就是了，已经没有人会想再去开电风扇了，这就是环境的变化。“学习”的外在及内在环境也在变化中。不管是选择开空调或是开电风扇的动作，我们有刻意去学习吗？所以最好的学习就是不要学习，让一切的吸收都是自自然然的最好。

在日常生活中去培养基本的“好的学习能力”：“观察

力”、“联想力”、“专注力”、“创造力”、“逻辑力”。依照本书步骤阅读完毕，当你发现自己能自然而然地在生活中运用这些能力而不自觉时，就是学习高手的时候。

目录
Contents

目录

Contents

第一篇

为什么要学习？

聪明是什么？

不要终身学习可不可以？

人为何要竞争？

为何学习效果不佳？

聪明是什么？

这本书不适合你在冲动的情绪下购买，因为你……还是会一无所知！你必须先想清楚要不要正面去面对自己的学习能力问题，才会有收获。

没错，你没有看错，就是学习能力。不是我们的学习效果好不好的问题，也不是我们的学习方法对不对的问题，我指的就是学习新知识或是新技能时，我们本身所具备的能力。先别急着否认！如果每个人都没有学习能力问题，那世界上应该会有满坑满谷的天才，让我们这个世界过得更美好不是吗？

每个人都有学习能力问题，只是问题是多还是少？学习力差的孩子，通常也会伴随其他的问题。我们所见到孩子不管是成绩不良，或是注意力不集中，或是缺少自信心等行为问题，都是日积月累的结果呈现，真正的原因通常是发生在更早之前，因为学习能力不佳所造成的。

现在的人大多数都知道，人会生病是因为自己身上的抵抗力不足，导致疾病上身，所以增强抵抗力是根本之道。因此现在的医学走向预防医学时代，不再告诉你吃什么药才会好得快，而是告诉你怎样让你抵抗力增强，活得健康。

可惜的是，目前为止，大多数的教育机构或单位，不管是正统的或是非正统的，都像过去的医生一样，必须等你感冒了，才能帮你治疗，给你药吃。过去哪个医生能够让你的病好得更快，那个医生就是名医。在高度竞争的社会，多数教育机构都是等我们觉得有不足之处，就对应提出一种学习方法或技巧，就像吃药一样。

最明显的例子，就是上班族补英语的热潮了。如果我们自身的学习能力，就很棒的话，还需要一再地补习吗？

如果我们接受自己的学习能力是有问题的，那什么样的标准才是优秀的学习能力呢？自小到大，只要是学习快速、学习效果好的人，我们大多数都会说他很聪明。

读过禅学的人或看过禅宗小故事的人都一定知道，禅宗所说的聪明智慧实际上是两种不相同的能力，且在不断地做两者之间的辩证过程中，展开许多禅宗小故事。

现在先回到字词本身的含义，何谓聪明？何谓智慧？

“聪明”一词，英文中具有相同意义的单词是 smart、clever、ingenious、intelligence。

samrt 指的是聪敏的；伶俐的。

clever 指的是敏于学习和理解的；机伶的；伶俐的；灵巧的。

ingenious 指的是（指人）善于用新的或简单的方法解决复杂问题的；心灵手巧的；善于发明创造的。

intelligence 指的是学习、理解和推理的能力

“智慧”一词，英文中具有相同意义的单词是

wisdom、wit。

wisdom指的是在做决定或判断时，表现出的经验和知识；正确的判断；明智；有见识的想法。

wit指的是用措辞、构想等，产生巧妙幽默的能力；悟性；理解力。

由以上解释可以知道，“聪明”，意思在于明察四方；“智慧”，意思在于通达事理。

发现了吗？学校成绩好的人，既不能说是“聪明”，也不能说是“智慧”，只能说是一个会考试的人，或是会读书的人。很多时候我们会发现，小时候那种成绩普通的人，为了分数常常被老师打的人，长大后也常常有一番大成就的可能。

我有一个学生，是老师最喜欢的类型，就是上课安静不吵闹，很认真抄写讲解的内容，在校成绩都一直保持在中等。高中毕业后，也顺利考上父母心中的科系，虽然不是他心目中的理想科系，不过他心想既然考上了就读吧。熬到大一下学期实在念得没兴趣，学校成绩也很糟糕，最后家人只好让他先休学保留学籍，不然就被退学。但是休学后，他就整天在家看电视等当兵，不再像在学校时那样打工增加一些经验，也不准备重考，完全是自我放弃的态度在过他的二十岁。如果你是家长，你会担心他的功课成绩？还是他的学习态度呢？

我们究竟是要培养孩子成为会读书的人还是有智慧聪明的人？

一个会读书的人，是根据课本内容的标准，写出正确的答案。但许多的知识，随着时空的不同，会有不同的答案。

拿大家最熟悉的例子来说：意大利数学家、物理学家和天文学家伽利略，奠定了近代科学实验的基础，开创了近代科学文明。但在当时的社会，他可是神经病兼邪教分子，是要被处以死刑的人。伽利略因为发明望远镜，证明了哥白尼的“日心说”，被教会审判终身监禁。朋友及女儿都劝他放弃自己的看法，他说：“即使我改变，也不能阻止地球绕太阳运行的事实啊！”而现在的我们，每一个人都知道地球是绕着太阳运行的。科学方面的知识更是日新月异，以前我们都写过一题的答案——喜马拉雅山的高度是 8848 米，而实际上地壳变动，让喜马拉雅山的高度一直在变。

中文造字的发明也是一件非常不可思议的事情，造字原则有象形、形声、会意、转注、假借、指事。不像拉丁语系的文字（以及日、韩等），都是你会读音，掌握发音规则，就可以拼出正确的文字。而且从中文文字本身，我们也可以看出三千年来，我们对于宇宙万物的观念演变。

例如：“思”、“想”，可以看出古时候的人认为心脏是思想的器官，因为心脏死了，人就死了，思想也停止了。同样的，“虫”在古时候是动物的意思，因此“人”是人虫，

“禽”是羽虫，“兽”是毛虫，“鱼”是鳞虫，“虎”是大虫，“蛇”是长虫。但现在的“虫”，意思是指昆虫，也就是有六只脚的动物。

会思考、会动脑筋的人，在学校的表现可能是普通、平凡的，就像爱因斯坦一样，把爱因斯坦放在现在的学校，可能下课铃响了，考卷上第一题都还没写完。因为他不会写下原本课本上即有的答案，反而会写下许多他自己细腻的观察与想法，所以成绩自然就不会理想。因为聪明是：富有观察力、想象能力与创造力。

聪明人与智慧人

经由生活中不断产生的成功与失败的经验，累积人生阅历，渐渐磨练形成一种智慧。具备聪明智慧的人，会从对的答案里找出错的地方，或是从错的答案里找到对的地方，并做出最有利于当下的选择。

因此，我们就用“聪明”、“智慧”，来作为我们之间的共同目标。

读到这里，我想请问你想当“一个聪明人”还是“一个有智慧的人”？想一下，我先说个故事吧！

有一个生意人，到一个村庄去叫卖他手工编织的篮子。“来看看手工篮子哟！很结实的，来看看哟！”人潮慢慢地向生意人的摊子靠拢。

“看起来真的很坚固！”“手艺蛮不错的！”于是一群人都买了手工篮子。但是有几位买主没带钱出门，想要赊帐，于是跟生意人说：“下次你来时，再来我家收钱可不可以？”

生意人答应了，但是一想，这些人的家都长的很像，我还是将他们的家的样子写下来比较保险。于是生意人拿起了账册，开始在上面写上：“胖太太家的屋顶上站着一只乌鸦”。“瘦太太家的外墙上有狗尿尿的痕迹”。“漂亮小姐家门口有三个小朋友在玩”。纪录完之后，生意人安心地笑着说：“这样下个月来收款就万无一失了。”

等下个月的市集日到了时，生意人惊讶地发现，竟然找不到屋顶有乌鸦、外墙有尿痕、门口有小朋友在玩的房子了。生意人生气地说：“太可恶了，这些人欠完钱后，竟然把房子也一起搬走了，我真是倒霉！”

请问，生意人在一个月前的纪录有错吗？为了方便记忆，所以生意人写下房子特征，这一点没有错，错的是，生意人将短暂的特征错认为长期的特征，因此一个月前的判断，在一个月后就变成是错误的判断了。

还有一个简单的例子，几年前新光三越摩天大楼是台北市最高的建筑物，现在最高的建筑物是 101 大楼，它甚至也是全球最高的建筑物呢！

在我面对许多家长时，也有相同的现象。许多家长都会在第一天上课后跑来问我，他们家的小孩今天表现得如何？然后就会告诉我小孩以前上课的表现怎样，现在的功课怎样。这些家长就都是用过去的表现来判断现在的孩子。

有两个精神病患者从医院溜了出来，爬上围墙攀上旁边的大树后，第一个神经病马上往下跳，跑了几步以后，发现第二个神经病还在树上，于是大喊："还不赶快下来，在上面做什么？"第二个神经病马上回答："我还没有成熟，所以不可以掉下去。"

我们当然不会像故事中的神经病一样，爬上树就真的以为自己是水果，但是很多人在面对自己的学习时，常常会不知不觉用过去的状况来判断现在的自己：以前我的数学不好，所以现在我的数学也不可能会好到哪里。

智慧累积于聪明之上，一个具备聪明智慧的人，懂得如何区分什么是永恒不变的，并且相信它。相信我们的头脑能为我们带来更好的解决方法。

不要终身学习可不可以?

从千禧年（2000 年）后，“全球化”的效应，让我们的竞争对手，从隔壁座位的同事，转变成大陆及东南亚的同业。全世界都在彼此竞争，科技的发达，让生产变成一件相当有效率的事情，但在供需失衡下是一双双对未来茫然的眼神。

2004 年，台湾半导体教父张忠谋曾说：“一个人离开学校之后，前五年会用到所学的百分之二十，之后就完全没用到了，如果没有求知的心、学习的习惯、思考的能力，很快就会被社会所淘汰。”为了不希望个人及企业被社会淘汰，提出“终身学习”一词后，台湾地区各大媒体及教育领域，无不大喊“终身学习的时代”来临了。然后所有的教育领域单位，便全力推广终身学习的观念，也广开各项进修课程，让学习成为一项全民运动。各大学努力创立进修推广部，城市社区大学开办了，各乡里的活动中心也开课了，补习教育市场更是加强宣传各项课程，一而再、再而三的向全民灌输——若你再不进修，就落伍了，要被社会淘汰了。

麻省理工学院（MIT）的教授彼得·圣吉在 1994 年出版的《第五项修练》一书中提出了五项修练，包括追求自我超越、改善心智模式、参与团队学习、建立共同愿景以及推动系统思考。“学习型组织”就是第五项修练：推动系统思考，就是要使个人、企业、组织不会被社会淘汰。这时我们又发现，连公司好像也要不断学习，才不致于在企业竞争之下被淘汰。“竞争”似乎是我们从小到大，最常接触到的一个字词。

你如果注意一下台湾地区的人力资源中介网站就会发现，这些中介公司，市场触角已经跨足到教育领域，在他们的网站上你可以找到许多的学习课程。当你在网站上每寄出一封求职履历表，就会自动跳出跟求职工作相关的课程信息，不断告诉我们一种信息——如果我们会的更多，学得更专精，找工作就会更容易。

在美国曾有一项统计指出，一个上班族从二十岁到六十岁退休前，平均将会换五至七个工作或职位，平均一个工作或职位会做五六年。看一下日本，“终身雇佣制”瓦解，“人力派遣制”兴起。我们也走向“便携式账户”的退休金制度。这些不就是告诉我们，唯一终身保障自己个人的就是我们一身的专业本领。

外在环境如此险恶，上班族不断报名各项课程，希望可以在快速变迁的社会环境下，多具备几项能力，帮自己的未来建设巩固的基础。

于是我们上班努力工作，下班后匆匆用餐，然后赶去上课，周末假日，也不浪费，不是加班就是努力学习。之后，猛然发觉，学习似乎没有带来更好的生活，因为永远有我们应该去弥补的不足之处，而且永远有下一个我们应该要报名的课程。

既然学习已成为我们终身的志向，那么为了避免无谓地浪费时间、消耗体力与精神，我们就必需增强自身的学习能力，让学习产生事半功倍的效果。

人为何要竞争？

不管我们喜不喜欢，想不想要，台湾地区节节升高的忧郁与痛苦指数，已经说明了：要生存，只有竞争。

太古时代，山顶洞人为了温饱跟猛兽竞争；古时候的读书人，为了功名利禄，进京赶考竞争。我们现在依然要为更好的生活而竞争，只是竞争的方式不一样了。

因此，我们发现，学习的目的就是要让我们更有竞争力。

曾经有一个学生问我：老师，人一定要竞争吗？不竞争可不可以？我反问他，你觉得怎样可以不需要跟别人竞争呢？

学生说：我去种田就好了。我不要当员工，好可怜！要努力工作又要看老板心情，种田就不必面对别人的脸色了。

请问我们种的的蔬果品质要不要比人家好？就算不要比人家好，那要不要有一定的质量，比较好卖。要不要想办法用最好的品种、最少的农药、最少的人工照顾、最营养的肥料、最短的种植时间？我们的售价要不要比进口的低？想办法让种田的工作越轻松自在越好？如果你的答案是：要！那我们要不要有最佳的种田知识来帮我们达成目标。如果你的答案是：要！那我们需不需要学习？依然是，需要！

这个调皮的学生又说：那我去卖葱油饼好了，做吃的东西比较简单，只要东西好吃，就会有口碑，然后就会有源源不绝的客人。

没错！自己创业的确是一个方法，自己建立工作的游戏规则，不必看老板的脸色。同样的，开店要不要懂得判断一个好地段？要不要让你的产品有特色，跟别人不一样，让人家一定想要吃你的东西？当生意好得不得了时，要不要决定请多少人手帮忙，才忙得过来？要不要决定开分店？要不要开放加盟方式？进货要不要做好质量与成本控制？

这时候，另一位天真浪漫的学生说：那我就开民宿好了，既可以在家工作兼差，又可以不必出门花钱，然后还可以享受好山好水。没错，台湾地区的天然资源如果好好地整合规划，真的是发展观光旅游的好地方。不过，民宿的地点重不重要？天然环境及周遭旅游资源重不重要？要不要有别于饭店的特色？除了住宿功能之外，要不要提供其他的服务？要用何种方式招揽顾客？要搭配地方大型的活动吗？网络宣传？旅游旺季跟淡季时，人手及服务如何分配？淡季的时候，可以身兼哪些副业来维持收入稳定？

当说到这里时，全班同学已经一片哀嚎了。

这时听到一个声音出现：那我……去自杀算了！全班大笑起来。

嗯！自杀，也是一种方法，电视上相爱的男女不也常说，让我们来生再见。既然我们都将希望放在来生，那今生要如何了结呢？说白话一点，就是你想要哪一种死法？

是要选择有效率的，就是死得又痛又快的？还是要慢慢来，万一后悔时，还有机会让别人救我们？还是要选择一旦决定要死时，就算是想要后悔也没机会的方式？死亡的样子要不要美美的？寻死的工具要不要容易取得的，免得被人家发现我们想要寻死？地点是要容易被人发现，还是不容易？要不要选山明水秀的地方？还是熟悉的都市丛林？要不要交通方便的？

相信你已经发现了，竞争力就是我们选择的能力。竞争力就是我们如何选择比别人好、比别人快，而学习力就是让我们知道如何去选择！你知道吗，就算不跟别人竞争，我们也会跟自己竞争。学习就是要让你可以生存得比以前更好，这样的学习才有意义。

有一个故事是这样的；犹太人的吝啬举世皆知。某日，一对犹太夫妇到大峡谷搭小飞机观光。起飞不久，驾驶员炫耀起他的技术，还跟犹太夫妇打赌，如果他们可以从头到尾都不尖叫的话，他愿意退还搭乘费用五十美金。犹太夫妇觉得可以赚钱，马上就答应了。

飞机在空中转了二十多个圈子后终于落地了，驾驶员说："你们真的很厉害，来吧！这是五十美金。"犹太丈夫说："嘿嘿，认输了吧！不过说真的，刚刚我太太摔出飞机时，我差点尖叫起来。"

如果你选了错误的心态，你还要坚持下去吗？或是为了眼前小利，放弃后面的大好前程？当我们面对选择时，有办法每次都做出正确的选择吗？

回到之前所说的上班族，很多上班族都是越工作越觉得自己不足，越学习越觉得生活更辛苦。学习本身没错，错的是我们常常用寻找一种特效药的方式，去选择我们该学习的课程，却没有在我们的基本能力上做增强，因此常常会像是用电脑486的CPU，去玩在线游戏一样，不仅浪费时间，又没有好的成效，然后过程一点都不愉快。

我有一个学生，大学毕业后找到一份人人称羡的工作，因为老板将工作说得很清楚，每个人只要将每天该做的事情进度完成就可以下班，而且薪水还相当优渥。

但是工作三个月后，他就相当沮丧，他觉得被老板骗了，因为他每天都要在公司加班至少一小时以上才可以下班，刚开始会觉得因为是新手，对工作不熟悉，所以加班是可以接受的。但是连续三个月都在加班，那就不对劲了。不过现在找工作不容易，再做一个月看看再说。在这一个月内，他观察到好像每天固定加班的人只有他而已。尤其是隔壁同时进公司的大专生，好像几乎不用加班。于是他很仔细地观察这位同事，想找出老板不公平的地方。

最后，他发觉了一件事，老板还是很公平，只是这位同事打字的速度很快，所以同样一份资料，这位大学生必须花一个小时完成，而隔壁的大专同事只要二十分钟就可以了。于是他发觉，打字只不过是手指头的运动而已，竟然就大大地影响我们做事的效率，甚至影响到他自己的生活作息。

原来我们过去所不在意的小小技巧，常常会导致不愉快的结果。

为何学习效果不佳?

学习方法影响学习效率，学习能力影响学习技巧，学习心态影响学习能力

台湾地区的生活步调算是快的了，只要你站在台北车站的捷运出入口，你会发现不管是高峰时间或其他时间，看人们的走路速度就知道。在台湾地区，我是一个急性子的人，走路速度相当快速，很多朋友跟我一起走路，几乎要用走带跑的方式，才能赶上我的脚步。但是我到日本玩时才发现，日本人上下班时间进出电车的速度，才吓人。我走在日本的地铁站中，后面的 OL（OFFICE LADY）居然会撞着我的肩膀往前走，还回头对我喃喃自语，嫌我挡路。而在香港地区，也是一样。

因为工业成熟发展，生活节奏变快，渐渐的一切都以“快速”为依归。

效率 = 成果 ÷ 时间

过去的学习，常常要求速成，没有时间让我们“慢慢理解内容”，许多时候我们用死记硬背的方法来解决。等考完试后，就把内容全数忘光。一次次的考试就这么应付过去。对于“学习”这件事，我们就渐渐习惯用应付的态度去面对。

学习效果也是一样，许多人看到一些不认识的字词，就想：啊！才一个不懂而已，跳过去没什么关系。常常就在这种心态下，累积许多不理解的字词，最后发现，怎么我们常常花了很多的时间去学习，得到的学习成果并不怎么样。或是，越学就累积越多不懂的地方，然后就越辛苦，最后干脆放弃。

从古至今，许多家长永远都在问一个问题：同样一起学，为何别人的小孩，学得都很好，我的小孩总是严重落后？

像这样的小孩，常常是在他还没进入小学之前，或是成绩还没开始变差之前，就已经累积许多不良的习惯因子，现在看到的成绩不好是结果。但问题的累积通常是在更早之前就已经发生，而没有人去纠正他。

许多家长因为小孩白天交给学校，放学后交给托管班管教功课，一点都不理解自己小孩学习问题发生的原因。于是常常用更多的补习或是更多测验卷，希望能抢救学习成绩，因此学生对学习就越恐惧。现在的小孩因为信息取得的渠道很多而且容易，父母若还是用过去的方式逼迫小孩学习，常常只会造成相反的效果。

我曾跟几个家长聊天，其中一个家长说："我急死了，我的小孩现在三年级，功课不好，打他也没用，将来怎么考高中、大学。进不了好大学，他就完了。"第二个家长也说："我也很担心我女儿，现在成绩还可以，但是上初中以后怎么办？还有高中、大学，毕业后还要找工作，我得为她操心一辈子。”

站在一旁听的我心里想：“他们的小孩现在成绩或许不怎么样，说不定初中会变好，如果没变好，高中、大学也都有机会变好，就算一直都不好，至少小孩是快快乐乐地长大。他们现在就开始这么烦恼，小孩才三年级而已，就已经天天被打被骂，不觉得他们很可怜吗？”

一个初中二年级的学生，因为是家中的长子，背负着家族很大的期望。妈妈希望他能成为一个优秀的人才，想办法把他送到管教严格的私立学校，假日再让他去补习英语、数学、物理、化学。即使是暑假，这个学生也必须早上九点补习补到晚上九点，只有星期天晚上才可以不用上课。

当时我发现这个学生上课一直很不专心，私下请辅导助教去了解，原来他每次上课都在想下一堂补习班要考试，如果没有考好的话，会被妈妈骂，还没有准备好怎么办？

这才了解为什么这样聪明的孩子，成绩一直落在中等，没法再进步一点？因为他总在该专心的时候不专心，事后就要用更多的时间来弄懂课本里的东西。

所以考试前常常没有时间做好复习的工作，成绩也就落在中等了。如果家长早一点将注意力放在小孩的学习状况上，减少补习时间及考试，这个小孩反而可以考得更好，也会有时间跟同学玩，过得比较快乐。

有一个男人躺在一家戏院的前排座位区上，占了四个位子。服务小姐看到后，很客气地请他起来，但是男人却只哼了一声，还是不动。于是小姐请经理出面，但是男人还是哼了一声，还是不动。经理不得已只好报警，警察来了便说："老兄，你哪个道上的？很神气哟！"

男人一样哼了一声说："……楼上走道上……摔下来的……"

故事或许太夸张，但很多时候，只要面对学习这件事，我们就会想当然地认定"学不好是应该的"。就像服务小姐一样，以自身看到的外在表象，直接就下一个结论，而缺少耐心去了解问题背后的问题。

当妈妈骂小孩时，请注意是不是你对他的要求太过严苛了。有一个家长告诉我，他从很小的时候就让小朋友学写字，结果小朋友的字都是歪七扭八，惨不忍睹。妈妈教得心灰意冷，小朋友学得痛苦，于是就不再强迫小孩学写字。直到小朋友两年后念小学一年级时，才又重新学写字，发现小朋友写的字比以前好太多了。其实很多家长常常求好心切以致拔苗助长。小朋友的手臂小肌肉还不够发达时，拿笔写字对他而言是一件不容易的事情，还没有力量掌握他的手指，怎会写出好字来呢？但这时小朋友已经被妈妈指责了。于是学习的第一个印象就不愉快。

从小到大，我们都在父母殷殷切切的期望中长大，也在这样的期望中不断地遭受挫折，所以我们常常告诉自己“我不是天才”、“我做不到”、“我不能”、“我不会”，一而再，再而三地将痛苦的学习过程及不好的学习结果，跟学习做连结，画上等号，慢慢地说到学习，我们的潜意识就会跳出来告诉自己：我就是学不好、我要很努力才能学得好。

再举另外一个例子，曾有一个小学四年级的学生让妈妈非常困扰，从幼儿园开始，所有的老师都对这个学生很头痛，因为他上课时，人坐在那里，心思常常跑到别处去，常常在老师指正时回神一下，听到老师说一段话后，马上又陷入自己的世界之中，在自己的头脑里独自理解老师说的话，一段时间后，就会举手要求发言，如果老师没有马上让他发言，他就不高兴地自言自语说：“我不要上课了！”

如果老师让他发言，通常他说的内容，跟老师的主题都没有太大的关连性，不然就是老师早已经进行到下一段了，他还在说上一段的内容。所以这个学生在班上的人缘也不好，同学都觉得他妨碍大家的学习，觉得他很笨，都听不懂老师说的话。

许多托管班也都反映这个学生学习不专心，又会破坏班上的秩序，甚至拒收这个学生，这一点让上班族的妈妈相当头痛。妈妈也为此带他去找医生检查看看是否有多动症。

当我遇到这个学生时，妈妈跟我反映他可能有多动症的情况，我要求妈妈跟着学生上一堂课，妈妈才发现原来她的孩子在班上的反应，比她想象的情况还要糟糕，一堂课五十分钟，他如果有五分钟专心听老师说话就不错了，因为不专心，当老师问问题时他就一定不会回答，然后就说："好难啊！我不会，我不要学了！"。老师面对一大群小孩，不太可能每一堂课都为这个学生将课程进度放慢，所以老师对这个学生也很头痛。

妈妈很受挫折，怎么她的孩子是以这样的态度在上课的！因为在家里看英文教学光盘就相当专心，玩电动玩具时也很专心！我相信在这个学生的心中，过去一定累积了很多对于学习的挫折。今天是大人要求坐在这个教室内，所以对他而言，我今天坐在教室里算是对父母以及老师交差，"学习"这件事并没有在他心中具有任何重要性。

许多人都在这种学习的噩梦中长大，只要是跟学习没有关系的，绝对是兴致勃勃。只要是跟学习相关的，马上就意兴阑珊。因为在我们的心中，"学习"这两个字的意思，跟"痛苦"没什么两样。成为上班族之后，发现工作上还是要学习，还是要念书。这种学习上的负面情绪与习惯，如果没有将之除去，学习的恶梦将会永不止息。

学习方法会影响学习效率，这也是为什么坊间有许多的补习机构或是成人教育机构，广告上都是强调他们的学习方法及专业的师资可以让学生成绩变好。

比马龙效应（Pygmalion Effect）是1960年哈佛大学的罗森塔尔（Rosenthal）和雅阁希森（Jacobson）进行的学童心理学实验予以验证的。首先针对六至十二岁的学童进行智力测验。将学生分成实验组及对照组。然后告诉学校的老师，实验组的学生智商较高，是优等生。当老师知道学生是优等生后，就用比较难的教材内容来教学，也花更多心力教导他们，对学生的成绩投入比较多的关心。一年之后，实验组的学生在成绩及各项表现上都比其他班级学生优秀。

事后这两位教授公布真正答案，这群实验组学生，不过是随机选出的学生而已，并不是真正的优等生，因为老师在预期“学生一定会成功”的心理下，改变了学生的学习状况，也刺激学生的成长。相反的，如果我们从小就一直否定自己的能力，长大后自然也就不会有什么了不起的成就。

从这里可以看出，学习效果好不好，追根溯源跟我们的学习心态有很大的关系；技巧只是旁枝末节，但是技巧好坏，会影响我们在学习时的心理状态。

从小到大，我们不知要经历过多少大大小小的考试，不管是升学考试，还是各种资格考试，请问：要考上的话，是要看单科成绩，还是看总分？

每次在课堂上问这个问题，都只有一个答案就是：看总分！

再问：请问你补过数学、物理、化学、英语，任何一科的人，请举手！总是会有超过一半的人举手。

很奇怪，总分决定于各科成绩的表现，但是我们总是将眼睛放在那个我们最弱的科目上，一直不断地花时间去加强，短期内并不会看到大幅成长效果，而其他的科目却因为疏于照顾，成绩也没有进步。然后就觉得更加心慌了，是不是自己不够用功？是不是自己念书时间不够多？甚至是不是自己根本就是个大笨蛋呢？

如果我们都只看重最弱的部分，倾全力去照顾它，就算它真的变成我们的强项，但其他部分也会因为被我们牺牲了而变弱，学习的总分还是不会提升。因此我们需要一个教练，从旁帮助我们，找出我们的学习弱点，并持续训练我们的学习优点，这样才能提升我们的学习总分。

前一阵子在一篇新闻报导上读到，现在的人看到地上有一块钱，连弯腰下去捡都嫌麻烦。因为台湾地区的道路高高低低，实在不适合人类行走，平日我走路就常常看地上，因为这篇报导，我就多了一份注意力在地上的钱币上，发觉地上的一块钱还真多！不仅是一块钱，还可以常常看到统一发票，因为现在的中奖率低，大家连发票也都懒得捡了。

如果你是要换新手机的人，你就会发现自己常常会将视线停留在周遭人的手机上。要换车的人，就会留意马路上有没有自己想要买的那一种车款。

因此，我们的心思若是老放在缺点的部分，你就会发现原来自己的缺点这么多，心情也就会因此而焦虑不安。如果我们懂得怎样提升总分的技巧，我们的学习过程就会愉快多了。

这不是一本特效药的书，不是要让你看完后，马上成为一个全方位的天才，是要让我们找出过去在学习上，有哪些不良的现象或是习惯，影响我们的学习心态，妨碍我们吸收的速度。借此厘清自我的状况，再搭配书中的练习，一步步调整个人的脚步，让你的每一步都踏得很稳健。先把基础框架建立好，大楼才能盖得又高又稳。

曾有一个探险家到美国西部探险，扎营时，当地印地安人跑来对他说：“今天会下雨！”探险家不理他就继续工作，到了晚上真的下雨了。第二天印地安人又跟他说：“今天会刮大风。”也真的刮了大风。

于是每次印地安人来预测气象时，探险家就给他十元，聊表心意。天气也真的就跟印地安人预测的一样。探险家相当佩服印地安人的能力。有一天，印地安人跑来了，却什么也没说，探险家就问今天的天气如何，印地安人回答：“我也不知道，因为我的收音机坏了。”

当你认清学习本质，你就不会再被学习迷惑。

第二篇

大脑的功能——你需要补脑还是补心？

智商怎么来的呢？

大脑的历史

记忆的型态

发现学习不良的行为

学习三型态

对学习有帮助的饮食

智商怎么来的呢？

1905 年，法国实验心理学家比内找出各年龄层儿童的所知所能，依此设计一套可以客观计分的题目，并将测验结果称为“心智年龄”。“心智年龄”测验的最初目的是找出智能不足的儿童，然后加以合适的教育，只适用于小孩，而且是一种教育评估的工具。

后来美国斯坦福大学的塔曼，将之改良成“斯坦福比内测验”，内容包括现代智力测验中常见的语文、推理、逻辑、数字测验等等。适用于大人跟小孩，并将心智年龄换成一个明确的数字，称为“智商”（IQ），就是将“心智年龄除以实际年龄，乘以 100”。一般人都在“100”左右，智商的数目多少，只是排名而已，智商 140 的人不等于是智商 70 的人的“两倍”智力。

智力测验的种类繁多，但它只能测出“你已经知道的”技能或知识，并无法测出一个人如何形成答案的“思考过程”。换句话说，智力测验无法测出一个人学习或形成新观念、新知识的能力。智力测验高的人，只能说他们知道的比较多。

以前许多家长无不希望自己的小孩是智商 180，或是买了许多测验卷让小孩填写，立志将自己的小孩训练成智商 180。所幸这几年的教育观念改变了，让这种错误的魔鬼训练方式，没有再继续拔苗助长。

再者，目前为止的智力测验都受设计者的文化背景所影响。智力测验或许可以准确地测出一个人在学校课业的表现，以及吸收知识的速度。但天才需要比单纯吸收知识更多的东西，天才有跃过已知的知识界线，而创造出新东西的能力。

举例来说，过去化学家已经知道苯的分子式，但并无法正确地解决分子结构的问题，德国化学家凯库里每天思考这个问题，直到有一天，在火炉前打瞌睡，梦中看到原子链像蛇一样动了起来，这条蛇后来用嘴咬住了自己的尾巴。凯库里才猛然醒悟，发现苯环的结构是封闭式的。这样的创新能力就不是智力测验测得出来的。同样是艺术家，达利、毕加索、莫奈等人，也都不是智力测验或是学校考试可以考出他们的能力来的。

曾经有一个学生问我说："选文科好，还是选理科好？以他的成绩而言，选文科比较可能考上大学，选理科就要读得比较辛苦了。"我问他想上哪一个科系？他的回答是："我不知道。我只是想看哪一类组比较容易考上大学？"我再问他为何要上大学？他的回答是："因为我念完高中啦！"

有些学生为了考试而学习，他告诉自己："我要怎样背会这一段才可以回答这个问题？"或是"我要怎样才可以通过考试？"听起来很好笑吧！但是我们以前都问过这样的问题。就如一些职场上的前辈给刚从大学、硕士、博士毕业的新进人员的评语是："只会讲理论，不懂得实际操作。"原因就出在将学习重心放在考试上，而不是"我可以怎样将学到的东西应用到实际的状况中"。以至学生可以读书、背诵、考满分，却不会应用所学的资料。

每次学习前，问一下自己："我为何要学习这本书或是这个课程？"除非我们认清这一点，否则我们不会做出任何明智的行动。

有些人独处的时候学习效果最好；有些人是大家一起讨论时灵感不断；有些人喜欢借由听讲来学习；有些人喜欢一边听音乐，一边学习；有些人一定要书桌干干净净的才有办法学习；有些人就算坐在乱七八糟的房间也能学习；亚里士多德喜欢一边走路一边思考。每个人的思考学习方式都不一样。但是成功者有一项共同之处，他们都是"主动去学习"。

大脑的历史

莫扎特说："我自己也不知道我的乐章是从哪里涌出来的。只要在无人干扰的情况下，灵感就源源不绝。"

三岛由纪夫说："当我想要写书的时候，主角人物就在脑中浮现，我只是把他们说的话抄下来而已，完全不需要构思情节。"

脑科学家早在 1975 年便已发现，位于脑部最上层、掌管人类的知识、语言等知性活动的大脑皮质，是灵长类才拥有的构造。自从 1984 年加州理工学院罗杰·史贝利博士，将人的头脑功能做一项突破性的研究发表而获得诺贝尔奖后，全世界教育领域的专家，对于教育与学习方法才有更专业分工的技巧研究。史贝利是在多年研究癫痫病人的治疗法后发现，人类的两个脑半球，功能是不一样的。

左脑是语言与逻辑性的思考模式，主管分析、理论、文字、数字、逻辑等理性活动；右脑则是感性活动，主管想象、直觉、创意、情绪、感觉、音乐、空间、图像、颜色、韵律等，右半脑掌管了我们的幻想与白日梦。

感性与理性的测验

有一个小小的测验，请先拿笔记下你选的 a、b、c 各有几个，再算出分数。此测验可以测出你的大脑较偏理性活动，还是感性活动。每个问题的作答时间请勿超过十秒钟，一共三十题，请计时五分钟。

1．当你在捷运站、火车站内，需要转乘其他路线时，你会：

　a．直接找人问路。

　b．调整地图方向，改成面对你要走的方向，方便阅读辨识。

　c．完全不需要协助，可以很轻易找到。

2．当你在厨房正忙得不可开交时，一边听着收音机，突然电话铃响，你会：

a．一边接电话一边做菜，不会关掉收音机。

b．一边接电话一边做菜，但关掉收音机。

c．先接电话，告诉对方等煮好饭后马上回电给他。

3．邀请朋友来家里玩，你会：

a．画一张标示清楚的地图寄给他们，或是请别人替你说明该如何走。

b．直接告诉对方地址，询问对方想要怎么来，再跟对方确认路线。

c．告诉对方遇到哪个地标左右转，走到哪里再左右转，以这样的方式告知。

4．平时跟对方说明想法或概念时，你大多会：

a．利用书写、肢体语言、言语说明。

b．言语说明加上肢体语言。

c．直接言语清楚简单地说明。

5．看完一场很棒的电影后，你会如何回味：

a．记得每一场画面。

b．记得画面及对话。

c．记得对话。

6．如果可以自己选择，你最喜欢坐在在电影院里哪一个位置：

a．电影院的右边。

b．左右边都可以。

c．电影院的左边。

7．朋友在使用机器上出了问题，你会：

a．表示同情，并跟朋友讨论这种经验。

b．介绍懂得修理的人去帮忙修理。

c．自己想办法弄清楚构造，想帮忙修理好。

8．在陌生的外地，有人问你东方是在哪个方向，你会：

a．不知道就说不知道。

b．思考然后推测大约的方向。

c．直接就指出东方。

9．你找到一个空间很小的停车位，你会：

a．宁愿找另一个车位。

b．试图小心地停进去。

c．很顺利地倒车停进去。

10. 看电视时电话响了，你会：

a. 马上接电话，电视开着。

b. 把音量转小后才接电话。

c. 关掉电视，叫其他人安静后才接电话。

11. 你最喜欢的歌手出了新歌，你会：

a. 听完后，你可以很快就跟着唱。

b. 如果是首很简单的歌，可以跟着哼唱一小段。

c. 很难记得歌曲的旋律，但是你可以回想起部分歌词。

12. 当你对事情的结局有强烈的预感，通常是：

a. 直觉。

b. 可靠信息和大胆假设，才做出判断。

c. 统计数字和实际资料。

13. 忘了东西放在哪里时，你会：

a. 先做别的事，等到自然想起再说。

b. 做别的事，但一边回想东西应该会放在哪里。

c. 回想刚刚做了哪些事，试着想起放在何处。

14. 在百货公司里，听到远处传来警报声，你会：

a. 马上确认出声音方向。

b．如果你够专心，可以指出声音方向。

c．没办法知道声音方向。

15．社交场合上，有人向你介绍七八位新朋友，隔天你会：

a．可以轻易想起他们的长相。

b．只能记得其中几个的长相。

c．比较可能记住他们的名字。

16．你想去山上度假时，但是你的伴侣想去海边度假，你会：

a．和颜悦色地说你的感觉：你喜欢山上活动较悠闲，小孩和家人可以过得很快乐。

b．告诉他如果能去山上度假，会感到很愉快，下次再去海边。

c．直接分析山上度假比较近，比较便宜，休闲设施也很齐全。

17．规划日常生活时，通常你会：

a．直接写下来清单，一目了然。

b．慢慢考虑你应该做哪些事。

c．在心里想你要见哪些人，要到哪些地方，以及你得处理哪些事。

18．朋友有了困难找你商量，你会：

a．表示同情，能理解他的困难。

b．劝他事情并不如他想的严重。

c．建议或是合理的忠告，告诉他该如何解决。

19．已婚的朋友有了外遇，你会：

a．很快就察觉。

b．经过一段时间后才察觉。

c．根本不会察觉。

20．你目前的生活态度是：

a．喜欢交朋友，和大家尽量和谐相处。

b．友善对待他人，但保持个人隐私。

c．完成某个成就，赢得别人的尊敬、名望、晋升。

21．如果重新选择，你会喜欢什么样的工作：

a．和好相处的人一起工作。

b．和其他同事一起工作，但也保有自己的空间。

c．独自工作。

22．你喜欢读的书是：

a．小说、文学作品。

b．报刊杂志。

c．非文学类、传记。

23．你的购物态度是：

a．常常是一时冲动。

b．大略的计划，也会心血来潮购物。

c．比较价钱。

24．睡觉、起床、吃饭，你比较喜欢：

a．随心所欲。

b．依据计划，但弹性很大。

c．每天几乎有固定的时间。

25．工作上认识许多新伙伴，新伙伴打电话找你，你会：

a．轻易地认出他的声音。

b．谈了一会儿话后，才知道他是谁。

c．无法从声音辨认他到底是谁。

26．和别人有争论时，什么事会令你很生气：

a．沉默、没有反应。

b．他们不了解你的观点。

c．追根究底地问问题、提出质疑、评论。

27. 语文科目的成语以及作文，你觉得

a. 两项都很简单。

b. 其中一项感觉还可以，另一项感觉不是很好。

c. 两项都不好。

28. 曾经学过的舞蹈，你会：

a. 听到音乐就会想起学过的舞步。

b. 只能跳一点点，大多想不起来。

c. 抓不准时间和旋律。

29. 你会分辨动物声音并模仿吗？

a. 不太擅长。

b. 还可以。

c. 很棒。

30. 回家后你喜欢：

a. 和朋友或家人谈谈你这一天过得如何。

b. 听别人谈他这一天过得如何。

c. 看报纸电视，不会聊天。

计分方法：

选择 a：加 15 分

选择 b：加 5 分

选择 c：扣 5 分

结果分析：

分数越接近 0 分，表示越偏理性活动的思考。有很强的逻辑观念、分析能力、说话技巧，很自律，也很有组织，不容易受到情绪的影响。在学习时，需要一个安静的环境、光线要明亮，至于座位方面，喜欢单独坐、自己学习；学习的成果、动机，和家长、老师的关心程度有关，所以喜欢由老师来安排座位。

在学习上受外界环境的影响较小，学习效果的好不好大多取决于自己学习的意愿有多强烈。一旦开始学习，坚持到底的意愿通常会让他们学得很好。

其他学习特色有喜欢按步就班，注意细节，一次做一件事。喜欢独立作业、个别竞争，需要明确的评分标准，比较不在意批评。喜欢把规则讲清楚，联想力不强。喜欢有选择，不喜欢模棱两可的问题。做事非常投入，注意规则，很理性。

分数越接近 450 分者，大脑就越倾向感性活动。富有创意，有音乐艺术方面的天份。会凭直觉与感觉做决定，擅长从少数的信息判断问题。学习时要有一些音乐、徐徐的微风、柔和的光线。座位方面则不喜欢老师刻意的安排，他们喜欢有伴、与同学一起学习的效果较好。至于动机方面，右脑型的人较缺乏动机，学习也不易持久，大多用触觉、视觉来学习。

学习上受外在环境的影响较大，本书最后面，如何营造最佳的外在学习环境的章节，就是为他们而写的。其他学习特色有先读全部的概念。喜欢团体的竞争，会因老师面部表情而分心。联结力很强，感受性更强，不喜欢当面被批评。奖励或口头赞美会觉得很好。答案常常不只一个，有视情况而定的倾向。可以同时做好几件事，能体会言外之意，统整性强，有创意，但不太理性。

分数低于0分的男性或高于300分的女性，不是天才就是成长背景很特殊。

分数在150分到180分之间的人，他的思考方式兼具理性与感性的特质。对男女都没有偏见，并且在解决问题方面，反应会比较灵活，找出最佳的解决方法。不管男性或女性，都可以成为他们的好友。学习上就要看分数倾向哪一边，搭配本书后面所提出的方法，帮自己找出最佳的学习方式，让自己的学习效果更好。

目前科学家研究指出左右脑的功能，比罗杰史·贝利所主张的还要广泛。现代的科技，有测量脑波的正电子放射断层照相（PET）的数据佐证，还有计算机断层的辅助，让我们比较容易看到大脑的思考过程。实际上，所有脑的运作并不是像用刀子将头脑切成两半，左脑管好他自己该做的理性工作，右脑管好他自己该做的感性工作，而是任何一项思考活动，左脑与右脑都会同时参与，只是在某些特定的活动中，会偏向较多的运作是在左脑或是右脑。例如平常人在计算东西或数字时是使用比较多的左脑在活动，但算盘名家在计算时，是使用更多的右脑在参与活动。

左右脑中间有一个信息传递桥梁——胼胝体。它可以让一个脑半球知道另一个脑半球在做什么。缺少了胼胝体的沟通，眼睛看到了“狗”这个字送到了左脑，我们会念而且认识这个字，却没有办法送到右脑让我们回忆起狗长的是什么样子。

对头脑的研究最早可以查到的记载是在希腊时代，他们探索了人体内发生了什么。对于思想、感觉、情绪等来自于身体的哪些地方，有着许多不同的理论。三千年前的诗人荷马认为来自于肺。科学家兼哲学家亚里士多德认为爱来自于心。

罗马时代御医盖伦继续研究脑及神经系统，大多数运用动物做实验，得到的结论有些是错误的。但往后一千年内，大家仍认为他是脑的专家。

18 世纪中期到 19 世纪中期，科学家认为从头骨的形状就可以判定一个人的个性，甚至是不是一个好父母。举例来说，太阳穴的大小可以决定一个人有多少音乐能力。骨相学还曾经被作为挑选好员工的标准，也有人建议修正小孩的头型，来带出优点抑制缺点。

现在我们知道，脑神经元细胞信息传递的方式，就像球场上观众席所做出波浪的动作一样，一个接一个地将信息往旁边传。自 1984 年以来，也因为科技的大幅进步，让我们现在有许多根据大脑功能所发展的教育理论，可以让我们学习得更好、更快。在这之前，没有人完全知道大脑如何运作。日本知名教育家七田真，认为开发右脑的功能，可以更有效率地处理我们脑中所吸收的信息，如图像思考、大量高速记忆、宇宙共振的能力和高速自动演算。五六岁的小孩能在两三秒内算出五六位数字乘除法的正确答案，这样的心算神童，七田真认为便是右脑高速自动处理机能和图像化机能的作用。他也认为右脑开发完整的人，甚至可以让人记忆上千个电话号码，可以达到一个星期之久而不会忘记。

另外，右脑的潜意识能力常常支配着我们的意识与身体的活动。法国传说的死刑犯实验，将死刑犯眼睛蒙起，在脖子后方划一道小伤口，然后告诉死刑犯："血不断的从你脖子后面的伤口一滴滴地流下来。"接着实验人员用湿毛巾将水一滴滴的滴在脖子上，让水顺着脖子往下流。六分钟后，告诉对方："全身三分之二的血已经流出来了，你快死了。"不久死刑犯就会因为恐惧而死亡。

这都是因为右脑主宰着感觉与情绪，无法分辨对错，将接收到的信息全部储存，然后再将对策发布到全身。像过去台湾地区在SARS期间，新闻每天报导SARS的病患消息，甚至同一个事件每天报导医疗进度，让人产生情况真的很紧急的错觉，事情很严重，引起社会很大的恐慌。那时有些人的大脑就因不断接受相同的信息而相信：只要出门就有极大的机会得到SARS，而在家中就是安全的，所以媒体报导最严重时期公共场所不管是室内或是户外，全都是冷冷清清的。

墨菲博士曾说过："潜意识就象是一片磁碟，童年时所感受到的信念、印象、意见、想法，都会一字不漏地刻画在潜意识中。"曾有一个例子：一个二十五岁不识字的妇女，发高烧时突然用严肃的口气说起希伯来语、希腊语、拉丁语。根据医生调查，这个妇女曾经收留一位老牧师在家中，老牧师每次看天主教的书籍时，习惯用大声朗读的方式。后来医生证实妇女高烧时说的内容，就是老牧师曾经大声朗读过的内容。因为外表意识停止活动，而让妇女的潜意识表现出来，把曾经听过的语言重现出来。

累积我们的潜意识对学习的正向记忆，就是学习有效率的第一步。

记忆的型态

眼、耳、鼻、舌、身（五种感官）所接受到的信息，转换成视觉、听觉、嗅觉、味觉、触觉（五种感觉），储存在我们的大脑里，很多时候我们并不知道到大脑到底储存了什么。除非有足够强烈的提醒或暗示，让我们再次想起，不然我们不会察觉到。有些记忆可能是痛苦的，有些记忆可能是快乐的，有些记忆甚至是我们希望从此消失的。

在学习的过程中，这五种感官也是同步作用。学习带给我们的是痛苦，还是快乐？就要看过去跟现在我们潜意识接收到的信息是什么。

最新形成的记忆是在海马体，由五感所引起的刺激，成为信息传到海马体。这是一种大容量的储存系统，相当精确地记录由每个感官而来的信息。脑中产生化学物质，使海马体中特定的细胞之间的连结增强，形成感官记忆。海马体受伤的人，就无法制造记忆。比如说自己刚刚吃过什么东西、刚刚说过的话都完全记不住。感官记忆容量大但是保存时间很短，约维持一秒钟到十分钟不等。

海马体最怕氧气不足。供氧量不足，我们的感官记忆很快就会从脑海中消失，也没有机会送到短期记忆中。因此身体不适的状态下、新陈代谢不良、空气不流通的环境、感冒鼻子不通的人，都容易造成脑中供氧量不足。

值得记下来的记忆，形成短期记忆，除非复诵，短期记忆的正确性随时间的增加而递减，如果在形成短期记忆的过程中，有干扰情况发生，短期记忆也会消失。这就说明为什么人在一个吵杂的环境下是很难有好的学习效果的。

短期记忆的最大容量是“七 ± 二”的组块（chunk），如果同时超过“七 ± 二”的数量信息进入大脑，超过的部分短期记忆根本记不住。想一想我们的电话号码有几个数字？七或八个数字。手机号码虽是十个数字，开头都是09，开头根本不用记，所以剩下八个数字。身份证号码不含英文字母有十个数字，但我们知道男生开头都是1女生都是2，这也不用记，于是剩下九个数字。这些看似长串的数字不怎么难记的原因，其实都是符合我们天生大脑的记忆特性。

“组块”指的不是个数的意思，即使资料个数超过“七 ± 二”，只要我们能将资料分成几个类别，短期记忆一样可以全部记住。例如：98749837043817087408，这里二十个数字如果我们将他每五个数字分成一段，就会有四段数字，98749-83704-38170-87408，一次记四段数字变得好记多了，原因就是因为四个数字在“七 ± 二”的极限之下。

记忆会被大脑神经以网络的形式送到颞叶作删选，最后送到皮层之中，形成长期记忆。颞叶如果受伤了，我们就会丧失过去存在的长期记忆，可能会忘了自己的姓名、住处或是不认得亲人。一旦记忆变成长期记忆，就永生不忘。有一派说法是做梦就是在将记忆纪录至长期记忆的过程中，脑内受到刺激，重新出现各种记忆片段的组合而产生。

长期记忆储存着所有你知道的事情，当我们八岁的时候，我们的脑中所储存的量比一百万本百科全书还要多。如何绑鞋带、如何骑脚踏车不会掉下来、怎样听说读写加减乘除、所有亲朋好友的名字、谁是贝多芬、二次大战在何时……

令人觉得不可思议的是，跟计算机存储器不同，大脑永远不会有存满的一天，即使我们活到了一百岁，还是可以继续储存新的信息。但是长期记忆既然这么厉害可以记住所有的东西，为何我还是会有想不起来的现象呢？问题就出在我们没有办法将过去记的资料顺利地领取出来。

大脑就像家中一个无穷大的仓库或橱柜一样，我们常用的东西因为常常要拿，一定会摆在仓库门口的地方，比较方便拿取，也不会忘记有这项东西的存在。所以只要在过年到了打扫家里仓库或橱柜时，就常会在角落里发掘出很多早被我们遗忘的宝贝。我们不也常常在交出考试卷后才猛然大叹："哎呀！刚刚那题答案就是 B，怎么刚刚就是想不起来呢？"

大脑里面的东西如果没有经过适当的整理排列，一样会发生找不到资料的情形，所以我们就常常说："我以前学过，但是现在忘记了。"

科学家也发现，当我们在学习的同时也会将当时学习的情绪一并纳入长期记忆中，同时每一次储存的情绪都会进入潜意识中，在我们下一次学习时就会跑出来影响我们的学习情绪。

2005 年 9 月，英国广播公司（BBC）引述美国学者所进行的研究报导说：人们如果压抑自己的激动情绪，会降低人们的记忆力。研究者认为，这是因为人们努力压抑自己的情绪，所以影响到他们的认知能力。尤其是在压抑悲伤的情况下，记忆力下降的情形更为明显。

英国剑桥大学心理学家也初步同意这样的结果：因为压抑情绪的人，如果又要同时认知外界事物的话，等于是要求大脑同时执行两项任务，而人们在压抑感情时，所需要的努力，一定大过于记忆的事物，所以压抑感情的人，尤其在情绪非常激动的时候，记忆力多少会受到影响。

如果我们学习时的情绪是正面且积极的，日后提取记忆的过程，就会比在学习时情绪是痛苦且无聊的，来得简单容易，也就是说在快乐且积极的心情下学习的人，通常学习的成效比较好。

发觉学习不良的行为讯号

对于学习这个主题，我们第一步要克服的学习障碍就是“我为什么还要学呢”？我们会用筷子吃饭，但是不知道用筷子吃饭要用到多少肌肉和神经作用，也不知道大脑要接收和发送多少指令才能完成，对我们很简单用筷子吃饭的动作，如果要让机器人也能做到跟我们“一模一样”，至少要写超过半年的程序设计才能完成，你知道吗？

一个人可能因为在先前某项领域的成功经验，而对这项领域感到熟悉，并以为自己已经全部都懂了，而在他接触此领域的课程时，他就只会在“我都知道了”这个框框内学习。若我们心中有这种学习障碍，那么在学习的过程中只会停滞不前，难以进步。

如果一个人能明白自己在学习的领域中尚有未知的事情，并且“愿意”告诉自己：“这里一定还有一些东西是我可以学习的，让我来挖掘吧！”如此，他就能克服这种学习障碍并且有能力好好地学习。

学习不良的行为

想要成为成功的学习者，除了要有强烈的学习意愿之外，还要了解自己的学习行为。在这里我会说明，怎样在学习中发现自我处在何种学习不良的行为中。

我有一个学生，以前很害怕上计算机概论，只要一翻开教科书，她就觉得无聊、死气沉沉，操作计算机不到十分钟就开始打哈欠、弯腰、驼背，不到半小时她就很想下课，脾气就开始不好了。然后就开始眼睛痛、肚子痛、头晕等身体不舒服的现象都出来了。但只要一下课了，就觉得一切都没事了。

这种经验我个人过去也身受其苦，高中时学校都教 PE2 或是 DOS 的使用软件，老是觉得上完课后，最会的还是开机跟关机的步骤，连简单的打字打印文件处理都常常出错，于是我一直认为我跟计算机无缘。所幸大学时个人计算机普及化，WINDOWS 作业系统将一切指令化为图形，才让我不再恐惧计算机学习。但是这已经让我过了三年自以为是计算机白痴的生活。

话说回来，我这个学生其实出现了相当典型的一种学习不良的行为，根本原因在于缺少具体实物提供参考，计算机概论对他而言是一堆的指令输入与输出，无法感受每输入一项程序语言与计算机运用之间的关连性。例如算数学“1+8=？”幼儿园的小朋友可能不会计算，但是如果你问她一颗糖加八颗糖总共有几颗糖？他就会回答：“九颗糖！”

当我们在学习的过程中，如果都是专有名词或用文字的表述来形容，对要学习的内容我们没有亲眼见过或是看过别人做过，身体就会出现与那位同学一样的反应，可能会有：

* 弯腰驼背

* 头晕，身体不舒服

* 死气沉沉

* 觉得无聊，打哈欠

* 烦躁；静不下心

* 眼睛不舒服，揉眼睛

* 容易分心

这些行为出现时，表示我们无法完整地凭空想象出我们正在学习的事物。最好的方法当然是找具体的事物或照片亲眼看一遍，或是做一次实验。像这种时候，试着使用图表或是用画出关联性的方式，将学习的内容以图示表现，自己对自己说明一次。无法完整说明的地方就表示是我们不了解的地方。

达·芬奇于1465年4月15日星期六晚上十点半出生。达·芬奇的仪态优雅美丽，善于说故事，有着幽默家、魔法师和音乐家的诸多才华，年轻时无忧无虑地恣意享受着生活。但在他快过二十四岁生日时突然遭人逮捕，被控犯下一项在当时可以处以死刑的罪，并且被关进监牢。对这项剧烈的创痛，他体会并这么写着："人愈是敏感，就愈痛苦……"

达·芬奇以写笔记方式，探索生命，想写就写，无所谓完成，也不下定论，用自由自在的思考扩展视野。达·芬奇的笔记本现存七千页，他的笔记本里，包括笑话和寓言，以及他所仰慕的学者们的观察和想法、个人的财务记录、书信、对国事的省思、哲学性的沉思和预言、发明的草图，以及关于解剖、植物、地质、飞行、水文及对于绘画的论述。

达·芬奇晚年在一小群弟子和助手的陪伴下，一路从米兰辗转来到罗亚尔河谷的安波瓦兹，他在法国国王法兰斯瓦一世（Francois I）的赞助下度过余生。法国国王给达·芬奇一处优美的城堡和丰厚的津贴，大师自由自在地思考及工作。他的主要职责是与陛下对话、沉思及谈玄论道。

达·芬奇于1519年5月2日去世，享年六十七岁。在生命终结之际，他写下："我将继续"，"我从不厌烦对人有用"。即使到了死亡的那一刻，这位大师仍然在学习与研究。达·芬奇，乃是"知其不可为而为之"的最极致典范。位于安波瓦兹附近，也就是达·芬奇度过人生最后几年的克鲁斯城堡，如今已成为达·芬奇博物馆。

学习有一项规则是说：如果我们不能在平面上画出或示范某项事情，那我们对它的了解就是错的。借由笔记的绘制，将所学的内容做纪录，同时也可以用来查验我们对内容是否已经了解透彻。如果你在阅读完这篇文章之后，可以画出类似下面的图示，表示你真的吸收了内容。

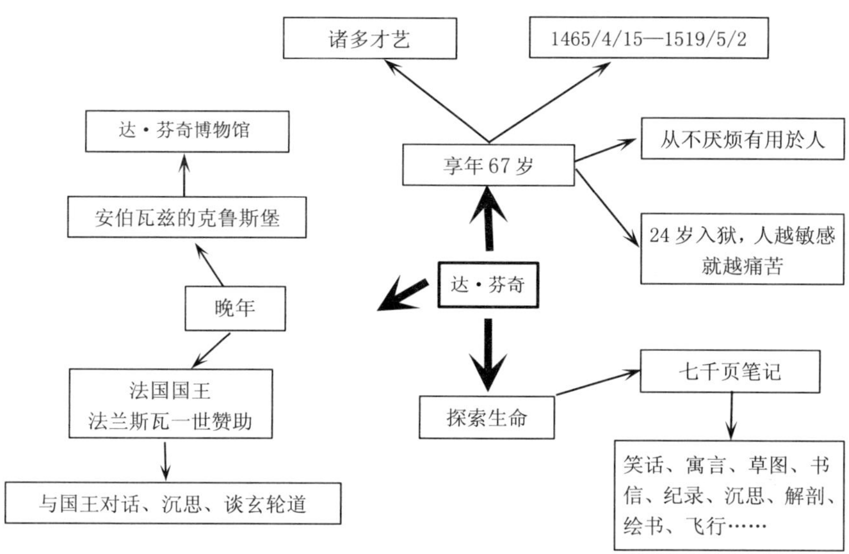

我们有时候会出现困惑、晕头转向的现象。有时候我们也会觉得怎么学习的内容突然变得很不容易理解。这是因为学习的内容在衔接上出了问题，从一阶段跳到下一阶段内容时，跳跃的难度过大了。

这时你需要再回到前面还没有搞迷糊的部分，试着不看书本，将内容说明表达出来。你就会发现通常我们自已以为已经了解很透彻的部分，实际上还有我们不懂的。也就是说如果步骤二我不会做，出现迟疑或是困惑时，实际上我是因为对步骤一还没有真正地弄懂。这种现象在一些操作性的学习上最常出现也最容易辨认。

如果学习出现下列的感觉，那就是有部分内容我们完全不了解或是理解错误，但被我们忽略跳过去。

* 心不在焉
* 紧张
* 脑袋一片空白
* 精疲力竭
* 读到一半就完全不想再读下去
* 一篇文章从头读到尾却不知所云
* 放弃继续学习
* 猛打哈欠，想睡
* 涂鸦，神游

对某些字词有了错误的理解或是不了解时，我们会先采取隔离的动作，不在乎这个字词（心不在焉），也不在乎跟这个字词相关的其他活动，例如不爱惜课本、批评这门课程、逃学等等。

学习三态：视觉、听觉、动觉

根据研究，人类有三种不同的沟通方式与学习方式，大多数的人都包含这三种学习型态，但是我们会偏向喜爱使用其中某些型态。

视觉型——倾向透过眼睛来学习，喜欢看图画、表格、影片。

听觉型——倾向透过耳朵、嘴巴来学习，喜欢听演讲、录音带、讨论、辩论。

动觉型——倾向透过身体活动、直接参与来学习，喜欢用手触摸、使用、制作、亲身体验。

在教室里面，听觉学习型的学生会安分地坐在座位上听课，一直到下课。不过这种学生也很喜欢在上课中说话和发表意见。他不一定会抬头看着老师，有可能会歪着头或是低头注意听。

视觉型的学生常常会有东张西望的举动，窗户外面的变化比黑板上的文字更能吸引他，不然就是在课本或笔记本上乱涂鸦，也会抬头盯着老师，这种学生透过看影片的方式来学习是最适合的。

老师最头痛的大概就是动觉学习型的学生了，这种学生不仅在椅子上坐不住，还加上喜欢拿隔壁同学的东西，或是闹一下隔壁同学的身体，不然就是把铅笔从书桌的左上角移到右上角，一会儿又移到左上角。喜欢没事拿着铅笔或橡皮擦之类的文具在手上玩弄，甚至一定要发出声响。这种学生也常常被师长处罚，因为他们常常低头，又喜欢动来动去的。

根据美国、日本等搜集五千多位小学五年级到高三学生的研究中指出，偏向视觉型学习者约占百分之二十九。偏向听觉型学习者约占百分之三十四。偏向动觉型学习者约占百分之三十七。人体有百分之七十的感觉接收器集中在眼部，美国马里兰州“特异性诊断研究中心”追踪调查后指出，不论学习三态偏向哪方面，这些学生长大之后，大多偏爱视觉型的学习方式。

到底我们是喜欢视觉型、听觉型或是动觉型呢？可以借由下列问题来帮你厘清。基本上，我们没有办法选择信息的来源一定是什么样的形式，但是了解自己的学习型态，可以适时地转换成适合自己吸收的信息方式，或是选择特定信息的方式吸收，使我们的学习效果更好，比如说倾向听觉学习型的人，在阅读的时候如果环境允许，可以试着将眼睛看到的内容念出来。

视觉、听觉、动觉的记忆储存在大脑的不同部位，所以尽量使用多重感官功能，才能获得最佳的学习效果。

下列就为你列举这三种学习型态的人的一些基本特征，你可以借此判断你是属于哪一型的。

视觉型

· 喜欢自己阅读、看电影、看电视。

· 说话时，会注意看着对方的表情。

· 只要看过一次的脸孔，就很难忘记。

· 喜欢利用地图来找寻目的地。

· 注重衣着搭配与外表。

· 说话时脸部表情很多。

· 喜欢写作、绘画、设计、涂鸦、制作表格。

· 喜欢直接看到东西，而不是借由别人的描述。

· 喜欢跟人面对面接触、谈话。

· 说话的速度比较快。但也可以很安静不说话。

· 回忆事情时，会在脑海中重现当时的画面。

· 注意细节，喜欢制定企划、计划之后再开始行动。

听觉型

· 听别人讲解的效果，比自己阅读的效果好。

· 喜欢讲电话，而不是跟人面对面说话。

· 对于说过的话语、意见，记得相当牢靠。

· 喜欢跟别人公开讨论、聊天，爱说话是一大特色。

· 喜欢哼歌，或是一个人时会自言自语。

· 喜欢听音乐、收音机、相声、话剧、辩论。

· 喜欢说话、能言善道。

- 很容易记住别人的名字。
- 喜欢用说的方式指导别人如何走到目的地。
- 注重服装的品牌。
- 心情好不好全表现在声音语调上。
- 爱唱歌、说故事、作曲、辩论。
- 喜欢讨论做事情的步骤程序。

动觉型

- 喜欢动态的社交活动和运动。
- 透过一些立体的教具使用，或是实验，能亲自做一遍的学习效果最佳。
- 对于实际发生的事情特别容易记住。
- 喜欢带路胜过口头引导。
- 注重服装的质料。
- 说话时肢体动作比较大。或是喜欢一边打球，一边谈生意。
- 喜欢手工艺、园艺、运动、舞蹈。
- 喜欢跟人有肢体上的接触、碰触。
- 没有办法静静地一个人坐着，容易坐立不安。
- 说话的速度比较慢。

变聪明的饮食

在正常的状态下，有些事情是永远不会忘记的，例如我们的名字和年龄，而有些时候我们努力的回想，却还是想不起来事情发生的详细经过。

从古自今，人类都不断地在寻找一种聪明药，希望能够像大力水手一样，吃了菠菜马上变得力大无穷。许多医生及科学家也做出许多研究报告，告诉我们怎样吃才能供应大脑足够的养分，让头脑在运作时可以变得更有活力。

2005 年 9 月 27 日，英国制药会议上发表的英国伦敦国王学院的一份研究，提出五种能增强记忆力的蔬果，包括花椰菜、马铃薯、橙子、苹果和白萝卜，这五种蔬果中都含有与治疗阿兹海默症药物同样作用的物质。习惯摄取这类十字花科蔬菜中所含的这种物质，可能对防止中枢神经系统中的乙酰胆碱的减少有帮助。

乙酰胆碱对于传递记忆与传递思想时很有帮助。食物来源有：卵磷脂、胆固醇、维他命 C、维他命 B_5、维他命 B_6、锌。

奥地利的研究则显示，喝咖啡会增加大脑负责短期记忆区域的活动，确实有“提神醒脑”作用。适当的正肾上腺素和多巴胺可以提升学习的情绪，增强专注力及长期记忆力。食物中可以帮助合成正肾上腺素和多巴胺的原料有酪胺酸、苯丙胺酸、维他命 C、叶酸、镁。这些可以在高蛋白食物中获得，因此在学习之前先摄取高蛋白食物，再吃低碳水化合物，可以让我们精神抖擞、学习效果更好。

咖啡因可以让正肾上腺素增加，学习前摄取适量的咖啡因有助于学习。但是一天最好不要超过一杯咖啡，而且尽量在早上喝，以免影响当天晚上的睡眠质量。

血糖会使可体松增加，可体松会干扰神经传导物质，因此维持稳定的血糖可以使学习效果更好。建议学习前摄取水果、果糖等，不要摄取蜂蜜、米、面、糖果、饼干等容易快速转换成血糖的食物。

血清素可以帮助睡眠，阳光照射、碳水化合物可以帮助血清素的制造，因此晚餐可以先摄取高碳水化合物，再吃低蛋白食物以帮助当晚的睡眠。

第三部 学习力的本质

学习力的本质：观察力

学习力的本质：联想力

学习力的本质：创造力

学习力的本质：逻辑力

学习力的本质：专注力

学习力的本质：观察力

学习的过程中，很多时候，太多心思放在如何解决目前的问题上，或是快速解题技巧上，忽略了观察问题的本质，而无法对症下药。甚至是花了大把时间和心力，还是解决不了问题。

在这本书中，我特别强调的是，我们必须将心思放在学习本身，而不是学习的内容上，掌握学习的内容只是累积思考能力的过程，真正能提升我们思考能力的关键是学习能力。

有一个乡下地主，因为头脑不是很灵光，所以常被家乡的人嘲笑。乡下地主常想，如果我也能到大城市弄个一官半职，相信就不会再被这些人嘲笑了。有一天，地主听到当年的玩伴已经在大城市中做大官了，于是乡下地主决定到大城市找这个玩伴，好好地向他请教请教。

事实上这个玩伴是靠着贿赂才当上大官的。当地主向他讨教时，这个玩伴便说："想要个一官半职的，没有什么特别，只要在大城市中打滚个三年，你就会知道了。"

乡下地主马上高兴地跳了起来："原来就这么简单呀！我知道了，谢谢你。"然后就急急忙忙地跑到大街上，开始在地上滚了起来。虽然滚了一下子，就发现不是那么容易的，但是想到只要熬三年，就可以当大官，还是继续忍耐着滚动。

很可笑吧！这个故事连小学三年级的小朋友都会觉得乡下地主很白痴。乡下地主忽略自己本身不受人尊敬的原因，而想要寻找外在的包装来填补内在的空虚，最后仍因内在的不足，让自己变成了一个笑话。

但很多时候我们在学习上就像乡下地主一样，忽略了学习的本质、本意，而追求名次的高低，或是追求学位的高低，以为拥有学位或证照才能表示出自己的能力，而忘了学位本身仅代表知识的累积量，取得学位的过程中对于思考能力的提升才是重点。

许多人误将学习结果（学位）当成是学习过程（思考力的提升），而失去了学习的乐趣。

许多时候，敏锐的观察能力，会帮你找到事物的正确答案。

以前有一只狸猫，专门喜欢欺负比他弱小的动物，但是他也会为自己常常被大熊或狮子追赶而相当苦恼。狸猫常常感叹自己怎么这么没用。

这天狸猫走在夕阳下，看到自己巨大的影子相当惊讶。“唉呀，我的影子是这么大，我以前怎么都没发现原来我是这么大型的动物！”狸猫看着影子就想：“大白天的时候，我的影子小小的，在傍晚就会变大。对了！老天爷一定是让我的身体在白天小小的，到了傍晚就会变得大大的。”狸猫对自己的发现相当兴奋。于是它决定给狮子一点颜色瞧瞧。

狸猫跑到狮子面前，用力大吼，还露出尖牙和可怕的眼神：“可恶的狮子，今天我要给你好看！”狮子用力地一挥爪子，就把狸猫压在地上，狸猫凄惨地叫着：“怎么会这样呢？”

狸猫错把影子当成是自己的身体，才会惹来杀身之祸。所以感觉并不等于事实，必须经过思考的验证。同样地，观察力不仅是“看”而已，还要加入一点思考的元素在里面。

我们的头脑有两种反应，一种是让我们有所感觉，另一种是让我们思考。不只是让我们有疼痛的感觉，也让我们能感应颜色、光线、嗅觉、声音、味觉、触觉、热、冷等，这些都会变成感觉。但这些感觉并不是由眼睛、鼻子、耳朵、嘴巴、皮肤所产生。这些感觉是在大脑中产生的。

眼睛、鼻子、耳朵、嘴巴、皮肤，只是接收身体外在的各种刺激，并把这些刺激传导到脑部而已。举例来说，当我们吃进某种食物，食物会刺激我们的舌头，舌头把这个刺激传达到我们的大脑，再产生合乎刺激的味觉，像咸的、甜的、酸的、苦的、辣的、涩的等。

大脑会将这些刺激制造出各种感觉，把感觉加以比较、分析、综合、归纳出思想。当我们第一次吃到红色辣椒酱时，被辣得受不了，于是将这种感觉记录在大脑里，下一次就不会再任意尝试辣椒酱了。

大脑不断地将刺激做记录，然后产生思想。“行万里路，读万卷书。”意思就是多听、多看、多感觉，才能增进我们思考的能力。

如果对光没有感觉、对颜色没有感觉、对皮肤的接触没有感觉，就没有办法产生“布娃娃的毛很柔软”的感受。当我们感受一件事情时，需要的不只是一种感觉，而是很多感觉的统合。感觉是构成思想的本质，感觉器官受损的人，在思考上也会受影响。例如海伦·凯勒，一直到七岁才有家教老师，教他以触觉的方式，感受周遭事物。因此海伦·凯勒才有了思考的能力，也才开始接受教育。

虽然感觉是思想的根本，但是思想并非仅依赖感觉才会产生。

从前，有一个商人住在高山的山脚下，山上有一个可怕的传说，就是山上住着一只吃人的老虎。有一天，商人必须越过山去做生意，只好一个人上山。

上山的路才走到一半，天色就变暗了，商人感到非常害怕，虽然加快脚步地赶路，还是没有办法在天黑前越过山。

或许是太紧张了，商人放了一个屁，被自己的屁声吓到，以为是老虎跑出来了。

商人急急忙忙赶快找藏身之处，这时发现老树有一个树洞，于是快速地躲进去。躲进去之后发现有一条像蛇一样的东西，从洞口伸了进来，商人吓得要死。想到可怕的传说，老虎在吃人之前，会先用尾巴把对方吓昏。于是商人用力地把尾巴往外甩，但是尾巴很快又伸了进来。商人就不断地把尾巴甩出去，然后尾巴又伸了进来。就这样，一直持续到天亮。

突然外面传来了人类的喧闹声，有一个声音说："你为什么要不断地在树洞里甩麻绳呢？"商人才打起精神一看，昨晚以为是老虎尾巴的，原来是自己背包上的麻绳。因为背包是背在自己的背上，所以才会怎么甩都甩不出去。

商人因为太紧张、太害怕，只注意到老虎尾巴跟麻绳的相似点，直到天亮后，才能分辨麻绳跟尾巴之间的差别。

我们的头脑就是这样不断地做比较，才能分辨出事物之间的相似点和相异点。思考力强的人，可以对各种复杂的事物做出比较，正确地分辨出他们之间的相似点和相异点。思考力弱的人，就没有办法做这样的分辨。因此，观察力是奠定创造力、联想力、逻辑力的第一步。同时，要想记忆能力好，右脑图像能力是基础；要想图像能力好，观察力是基础。

如何让自己具备良好的观察力或敏锐力？首先，看似跟你无关紧要的事情，一再发生，可能就会跟你有绝对的关系。

一个人在沙漠中走了好几天，都没有水喝，在快撑不住时，看见前面有一个人。“拜托，请给我水喝！”

“不好意思，我没有水，我只有领带，要拿到前面的市集去卖。”

那个人只好继续走，又碰到一个人。“拜托，请给我水喝！”

“不好意思，我没有水，我只有领带，要拿到市集去卖。”

一连遇到好几人都是要去卖领带的。

终于看到前方有一个绿洲，有一个大饭店，他撑起脚步走过去，走到柜台跟服务生说：“请给我一杯水，谢谢！”

服务生回答：“不好意思，我们只招待打领带的人士。”

好朋友都会相约一起去吃下午茶，有没有发现，不管你喜欢喝什么，下午茶一定要配甜点，满街的咖啡店，就会需要很多的甜点供应，如果你的观察敏锐力好的话，你应该不会跟着一窝蜂去开咖啡店，而是应该开一家专门供应咖啡店的甜点工厂。

我们常常会在电视上看到，斗大的标题写着“七年级创业成为百万富翁”、“小吃摊年收入千万”等的谈话性节目，邀请一些“成功人士”上节目分享他们的成功经验。我们会发现坐在电视机前面的我们，心中都在想“如果我跟他一样，早知道这会大卖，我也一定会成功！”

俗话说：“千金难买早知道！”如果我们跟他们一样可以在生活中观察，然后找到别人没有走的路，那我们同样会跟他们一样成功。

先问自己一个问题，讲到“咖啡杯”，你会想到什么东西？咖啡豆、盘子、蛋糕、果冻、咖啡机、奶精、糖、杂志、音乐等。

在星巴克尚未引进台湾地区前，我们说到咖啡厅喝咖啡，就真的只是为了喝一杯好咖啡。现在是喝咖啡、聊是非的时代，像丹堤、古典玫瑰园、壹咖啡、星巴克等咖啡厅，39元就可以喝到一杯咖啡，而且不仅卖你一杯咖啡，还卖你各式蛋糕点心、商业午餐、各种饮料、茶具、咖啡豆，甚至是店里面播放的音乐CD等。而能想到在咖啡店里卖这些东西，就是一种创意，一种商机！

因此，观察力是一切学习能力的根本。巨细靡遗的观察生活周遭，将事实跟现象作彻底的了解，经由联想力想出各种可能性，借着创造力组合出行动方案，最后以逻辑力来分析执行的可行性。综合上面的各项能力，最后所展现出来的学习效果，也就是学习力。

现在就先借由观察力，让我们进入了解、提升自己学习能力的第一步吧！

牙签游戏

在许多智力测验里面，有一项是空间概念的转换。没有空间感的人常常会迷路，搞不清楚东西南北，看不出上下左右的关系。当进入大型购物中心，尤其是每个楼层有众多出口，而且每个楼层都可以通往停车场，停车场的格局通常都一样时，空间感不足的人，每一到出口就一定要找指标，循着指标走，不然就会找不到自己的车。

这说来并不是什么大问题，但却是最容易闹出笑话，造成不方便的事。其实没有空间感的人，损失的不只是自己的面子，还会损失一些想象力与创造力。借由观察敏锐力的训练，可以弥补这方面的不足。

创造力的根源是想象力，想象力的基础是联想力，联想力的起点是细密的观察力，而细密观察力最佳的表现方式之一，就是活泼的语言能力。由于本书重点在提升学习力，对语文敏感度不够的人，难以从语言文字中快速抽取出自己想要的知识，因此下面的练习题目，会偏重在语文方面。

我们先来小试身手一下，抽象概念跟具象观念之间的转换，用平时被我们忽略的小细节，以牙签来做一个游戏，请你用笔在纸上直接做演练，看我们的大脑如何在二度空间中做三度空间的思考。请你全部完成后，记录一下你花了多少时间。

题组一

1．请用六根牙签排成数字 0

2．请用九根牙签排成数字 10

3．请用十一根牙签排成数字 9

4．请用六根牙签排成三个三角形

5．请用四根牙签排成一个正方形，一定要举出两种方法

【解答见 84 页】

有一次有个学生再做这个游戏时，他的答案令人讶异，除了想出原本预定的标准答案外，又想出了其他符合条件的答案。所以千万不要小看我们自己。

解题所花的时间越长，就表示我们的头脑越习惯将接触到的事物单独视为独立的个体，或是认为是理所当然的。

找出红色

在生活四周，除了红灯外，有哪些东西是红色的？你注意到了吗，我们大多数的人都会忽略颜色的存在，多数注意看到了什么物品。回想今天出门你遇到的第一个商店，它的

招牌由哪些颜色构成的？常常我们就傻住了。我们大脑对于常常出现在我们眼前的东西，容易视而不见。常常出现这种状况的人，我们就说他是粗心大意的人。

例如：麦当劳叔叔的颜色、新光三越百货公司的招牌

从今天开始，出门后每天找一种颜色，然后留心注意，符合这种颜色的物件有哪些？会让我们对周遭环境有一番重新认识。

有没有发现，原来还可以用颜色的角度去认识这个世界呀！在传统的学校教育里，我们习惯用文字、形状、大小、重量等条件去认识环境。过去我们的美术课在升学的压力之下，常常被挪用改为数学课或英语课，因此我们绝大多数就慢慢丧失对颜色的观察能力。从今天开始，找一种颜色，慢慢地将对颜色的观察能力找回来。

延伸思考：门怎么开？

请回想一下，你家中所有的房间要进去时，门应该往外面开还是往里面推？往左边开还是往右边开？你住的公寓大厦的大门又是怎么开的呢？上班的地方所有的门又是怎么开的呢？

重新再回想一下，这些门上面的把手及门锁长得是什么样子呢？

原来门也有这么多种组合方式！

倒着画画

去看三岁小孩画的画，很多时候大人都看不懂，可是同样是三岁小孩就看得懂，彼此也画得很高兴。

大多数没经过绘画训练的人，画画时常常不是用眼睛观察物品，而是用过去的经验在画画，想着怎样画会比较像，左脑立刻告诉我们人应该怎么画，头发应该怎样，而无法顺着右脑直觉画，没有左脑干扰，完全重新观察。

这算是心理上的障碍，常常妨碍着我们去看现在的东西，或是整体的观感。现在就让我们来练习如何克服这种障碍。

拿一支笔，找一张照片，照片内容不限。将照片转180度，倒着看，将照片中的物件画下来。假使我们正着画，就会受到左脑的干扰，而无法真正用眼睛观察。

当你画完之后，你会发现原来自己很会画画嘛！画出来的内容还挺像的。因为倒着画，左脑的逻辑完全被打破，没有物件的形象存在，只留下纯粹使用右脑的观察去画。一笔线条，当线条全部组合起来时，就自然构成了整体的画面与物件。

找出排列的规则

事物的运行都有一定的轨迹脉络可循，所以预测才会具有可靠性。全世界最有名的虚拟侦探是福尔摩斯，福尔摩斯最让人赞叹的是他那老鹰似的观察能力和猎犬般的嗅觉。在故事里，福尔摩斯常常能够从微细的事物中察觉出不寻常的地方，或是从疑似密码的线索中找到答案，并预测嫌犯的下一个行动。

现在请你观察下列的排列，将规则找出来，并预测下一个会出现什么。

题组二

1. A B C D E (　) 规则是__________ 在 (　) 内是_____

2. AB AC AD (　) 规则是__________ 在 (　) 内是_____

3. A D G J M (　) 规则是__________ 在 (　) 内是_____

4. A C F J N (　) 规则是__________ 在 (　) 内是_____

5. A D I P (　) 规则是__________ 在 (　) 内是_____

【解答见 84–85 页】

固定找一个人，这个人一定要是你每天会看到的人，然后观察他，看看他今天跟昨天的穿着打扮有没有不一样的地方，或是一样的地方。

注意他身上的配件，有没有哪些是固定每天都会带的，哪些是搭配衣服特地选的。

观察他每次接电话的动作、问候表情、问候语气如何。

注意一下同一天他跟每个人说早安时，声音、表情、语气，有没有不同。不同天但是跟同一个人问候时，有没有不一样。

刻意地去观察周围的人和事物，你会看到跟印象中不一样的世界。

哪一个是丑小鸭?

丑小鸭在还没长大之前，一直都被当成是鸭子饲养，虽然其他的小鸭子都知道丑小鸭长得很奇怪，常常欺负它，但是还是把它当成是鸭子。

我们对于周围固定会出现的事物，容易将它的出现视为合理，就算我们不喜欢，我们还是接受它的存在。

下列五样东西，请你找出一个跟其他不同类的，并说明理由。

选 A 的理由：________________

选 B 的理由：________________

选 C 的理由：________________

选 D 的理由：________________

选 E 的理由：________________

其实，上面五幅图片，任选其中一幅，都可以说出跟其他不同的理由，现在就请你把每一项理由全部填入上面的下划线中。

好的观察力，可以让我们像福尔摩斯一样，在细微的地方找出差异性。抱持对所有常出现的事物质疑的眼光，会让我们的观察力越来越犀利。

长得很像的字

从小到大，语文课本的测验题中，一定会有一个错别字的测验。许多学生弄不清楚为什么这样写的字会是错的，而常常写错字。有些字真的长得很像！一不小心，就会认错了，在文章的阅读中，如果字错了，前后文的意思有时就不顺了。

在学习的过程中，有百分之九十的知识形式都是通过文字传达，文字的意思归左脑管辖，文字的书写归右脑管辖，而文字的辨别则必须结合左脑与右脑一同合力完成。现在就让我们一起来动动脑，帮这些字，找到跟他们长得很像的字词！

举例：

一颗、一棵；天地、天池

题组三

1. 无暇：________________
2. 海鸟：________________
3. 纪录：________________
4. 胆子：________________
5. 心理：________________
6. 请愿：________________
7. 坠落：________________
8. 贷款：________________

【参考的解答见 85 页】

平时看报纸的时候，你也可以做这样的练习，随意抽出几个字，想想看跟这几个字长得很像的文字有那些。训练你的左脑和右脑，让他们一起在你阅读的过程中活动。你会发现，中国字真的是一种很优美也很复杂的文字。

文字加加看

中国字的字型变化多端。你会发现小孩子刚学写字时，常常是将字的外形“画出来”，而不是“写出来”——是因为小孩子还将眼睛看到的一切都当成是图形看待，抽象的文字观念还不够深。现在请你回到幼儿园的程度，试着将文字当成图形来看看。请你就下面的笔画，找出有哪些中国字。

举例：

两条横线＋一条直线：土、士、干、工

题组四

大＋一点 =

（请不要直接告诉我答案是“大一点”☺）

大＋一横线 =

口＋丁 =

日＋木 =

由＋一直线 =

三条横线＋两条直线 =

四条横线＋两条直线 =

三条横线＋三条直线 =

五条横线＋三条直线 =

【参考解答见 85 页】

在中国历史上，有一种画作，被称为“文字画”，结合了书法与绘画，将抽象文字以具象绘画的方式所呈现。第一次看到这种画作的人，没有人不被当中丰富的想象力所折服。

抛弃过去以文字的观点来阅读辨识文字，重新以几何线条的观点来认识文字，除了让我们的右脑活泼起来之外，也让我们多了一种角度来看待周围的事物。

观察力的训练，不只是对被观察的对象本身有更深、更正确的认识之外，也需要从另一种角度来看待被观察的事物。

宋朝朱淑真“断肠谜”

下面是首很有名的字谜，每一行文句都藏着一个谜语，谜语的答案都是一个字，请用你的右脑观察力来解出这十道猜字谜语。

下楼来，今簪卜落

问苍天，人在何方

恨王孙，一直去了

詈冤家，言去难留

悔当初，吾错失口

有上交，无下交

皂白何须问

分开不用刀

从今莫把仇人靠

千里相思一撇勾销

【解答见 85 页】

声音一样的字

某个电视节目小组采访偏远地区，因为南腔北调，所以有一位翻译随行。

乡长看到电视采访，特别召集乡民起来，说："兔子们，虾米们，猪尾巴，不要酱瓜，咸菜太贵啦！"

翻译说："同志们，乡民们，注意吧，不要讲话，现在开会啦！"

中文常常有些文字的发音一模一样，通过上下文意思的连贯，方能得知对方所要表达的正确文字为何！在传统的相声表演之中，常常利用这些声音一样的谐音文字，创造出戏剧性的笑点。

曾经在马路上看到一个槟榔摊的招牌，招牌上大大的文字写着"一叶情"槟榔，非常的有趣！因为槟榔的确是由一片叶子包起来的，传神地表达出这家槟榔摊卖的是包叶的槟榔。同时"一叶情"三个字，跟"一夜情"声音一模一样，间接也传达出一颗槟榔只吃一次，就跟一夜情一样。

请你依据下面的题目，让我们从声音的角度来看待文字，您会发现不同的乐趣！现在就一起来找出他们声音的双胞胎吧！

举例：

节食、结石；急事、吉事、即是

题目五

1．试试：____________

2．休养：____________

3．失意：____________

4．功夫：____________

5．国立：____________

6．近视：____________

7．海报：____________

8．小路：____________

9．由于：____________

10．枇杷：____________

11．相交：____________

12．数目：____________

13．勇将：____________

14．记忆：______________________

15．淘气：______________________

16．攻势：______________________

17．胶水：______________________

18．密封：______________________

19．袋子：______________________

20．魄力：______________________

21．不行：______________________

22．食言：______________________

23．医典：______________________

24．实务：______________________

25．拾遗：______________________

26．薏仁：______________________

27．骑士：______________________

28．写书：______________________

29．就是：______________________

30．人士：______________________

31．记录：______________________

32．写字：______________________

33．无耻：______________________

34．实时：______________________

35．职务：______________________

36. 日立：________________________________

37. 起码：________________________________

38. 旺季：________________________________

39. 家室：________________________________

40. 富人：________________________________

41. 股利：________________________________

42. 升值：________________________________

【参考解答见 86 页】

我们经常羡慕别人很有创意，创意从何而来？创意就是从日常生活中的观察而来！汉字最有趣的地方，就是有许多的谐音，多做谐音的练习，自然而然你也会成为创意高手！

71 页题组一

1. 排列图形：一个圆圈圈“口”

2. 排列图形：大大的汉字“十”或是英文字“TEN”

3. 排列图形：英文单词“TEN”或是数学公式

   11−1−1+1

4. 排列图形：立体的三角柱

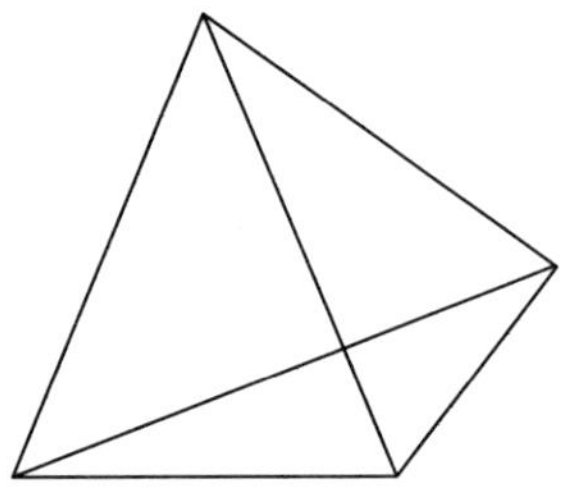

5.

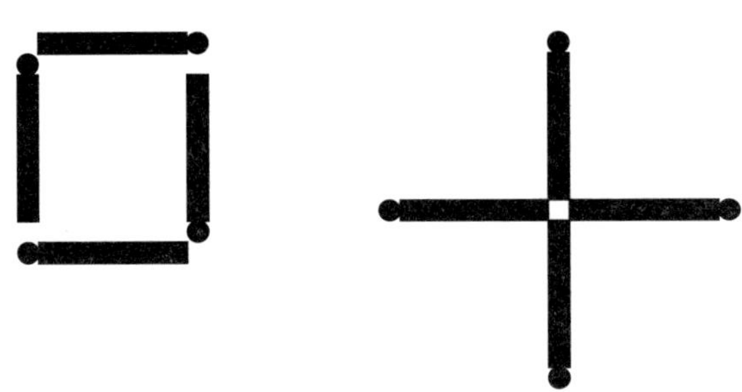

74 页题组二

1. 规则是<u>英文字母顺序</u>在（ ）内是<u>F</u>

2. 规则是<u>A 配上英文字母顺序</u>在（ ）内是<u>AF</u>

3. 规则是<u>字母顺序，每间隔两个出现一个字母</u>在（ ）内是<u>P</u>

4. 规则<u> 字母出现顺序中间间隔数目为等差数列 </u>在（ ）内是<u> U </u>

5. 规则是<u> 字母出现顺序中间间隔数目为等差数列 </u>在（ ）内是<u> Y </u>

77 页题组三

1. 无暇：无瑕　　2. 海鸟：海岛　　3. 纪录：记录

4. 胆子：担子　　5. 心理：心里　　6. 请愿：情愿

7. 坠落：堕落　　8. 贷款：货款

78 页题组四

大 + 一点 = 太、犬

大 + 一横线 = 天、夫

口 + 丁 = 叮、可

日 + 木 = 杳、杲、東、果

由 + 一直线 = 申、曲

三条横线 + 两条直线 = 五、日、曰、甘、正

四条横线 + 两条直线 = 目、且、皿、凸

五条横线 + 三条直线 = 言、車、里、旱、呈

79 页断肠谜

一、二、三、四、五、六、七、八、九、十

81 页题组五

1. 试试：世事、逝世
2. 休养：修养
3. 失意：诗意
4. 功夫：工夫
5. 国立：国历、国力
6. 近视：近世、进士、尽是
7. 海报：海豹
8. 小路：小鹿
9. 由于：鱿鱼、油鱼
10. 枇杷：琵琶
11. 相交：香蕉
12. 数目：树木
13. 勇将：泳将
14. 记忆：技艺
15. 淘气：陶器
16. 攻势：公式、公事、工事
17. 胶水：浇水
18. 密封：蜜蜂
19. 袋子：带子
20. 魄力：破例
21. 不行：步行
22. 食言：食盐
23. 医典：一点
24. 实务：食物、时务
25. 拾遗：时宜
26. 薏仁：艺人、异人
27. 骑士：歧视
28. 写书：血书
29. 就是：旧识、旧式
30. 人士：人事
31. 记录：纪录
32. 写字：血渍
33. 无耻：无齿
34. 即时：及时、吉时
35. 职务：植物
36. 日立：日历
37. 起码：骑马
38. 旺季：忘记
39. 家室：家事、家世
40. 富人：妇人
41. 股利：鼓励
42. 升值：生殖

学习力的本质：联想力

请看下列图形，然后用一句话来形容它。不要用物件来形容它，描述它是怎样组成就好。

大多数的人都会形容这是有两个横放的长方形跟两个直放的短长方形所组成，像是园艺用的空心砖，像横放的工字但是多了一横。

实际上有非常多的角度可以形容这个图形，一个人只要平常多做这种练习，面对问题时自然能以较多的角度来思考。以下只是其中一些的说明：

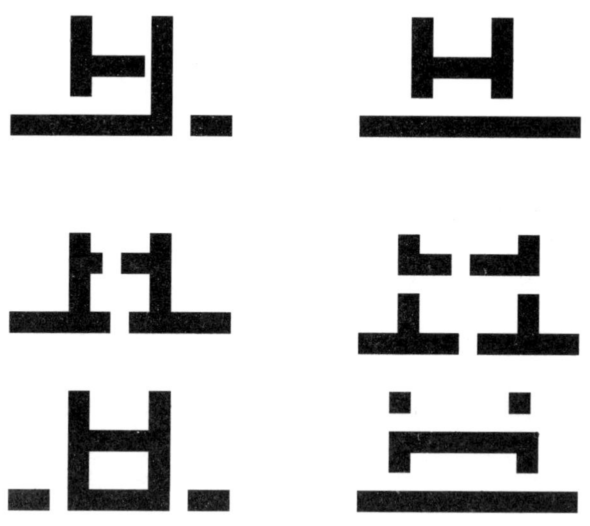

接着请你想象下列图形长得像什么，例如像咖啡杯组、色拉碗放在桌上、半圆形锯木头放在地上、朝上放的电灯、颠倒放的磅秤，请你写出另外两种物件。

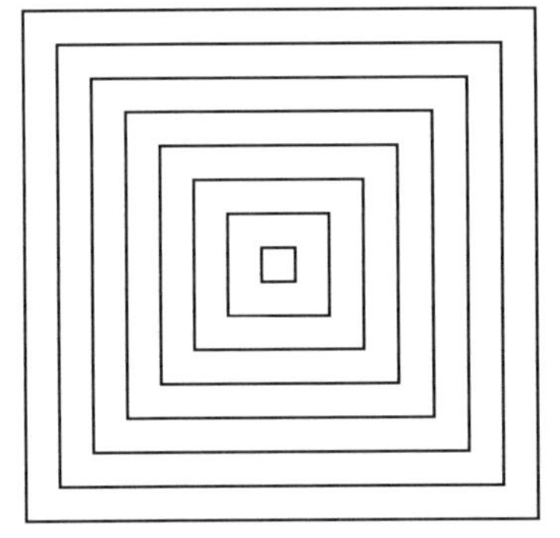

这是什么样的图案？请描述。

【参考解答见 108 页】

在获取知识的过程当中，外在的刺激由我们的五种感官（眼、耳、鼻、舌、身）接收，进入神经系统中，大脑将信息传送到潜意识中跟过去的经验做比对，然后辨别出我们现在处于什么样的状况，遇到什么样的东西。如果过去的经验不够做线索的比对，我们的头脑就无法辨识和创造出新的想法。

这样的脑部运作过程，最容易看出及表现出来的行为就是记忆力的好坏。以刚刚的例子来说，记住这是一个咖啡杯组，总是比记住一个开口朝天的半圆形底下有一条横线的图形，来得经济方便多了，也记得久多了。

英国伦敦大学神经学家马艾伦研究发现，记忆靠的是联想力，和智商没关系。在两千五百年前，希腊就出现一位过目不忘的游唱诗人西蒙德。只要是他到过的地方，他都能够清晰地记住当地的一草一木。听起来很吓人吧！其实，西蒙德只是靠联想的方式来帮助他进行记忆。

联想力不够丰富的人，在思考方面常常容易流于某些角度的观察或判断，思考无法周严。

有一个故事，说两个朋友到湖心钓鱼，其中一人吊起一个瓶子，突然轰的一声，跑出一个巨人来。“谢谢你把我从瓶中释放，我答应你一个愿望。”于是，那人就说：“那请你把湖水全部变成啤酒。”轰的一声，湖水马上变成啤酒，巨人也不见了。这时朋友很生气的说：“本来我们尿急时还可以直接尿到湖里，现在全部都要尿在船里面了。”所以老一辈的人常说：一件事情如果能跟人家商量一下，思考会比较周全。

在我们的学习过程中，常常需要动脑筋思考，思考就是为了某个目的或是某个题目，所作的认知、想象、分析、判断、演绎、归纳、推理、创造等。联想力就已经包含了上述的部分动作，从某种记忆、感觉、印象来回忆起另一种观念或记忆。

联想力是一种思考上的联结能力，它能促使我们产生水平思考、跳跃思考、逆向思考等，所以联想力丰富的人，其思路敏捷，反应快速，创意的泉源也不断。亚里士多德曾对联想下了一个定义：“人类对事物的认识，是具备有大自然的规则性，也就是根据联想而来的东西。”联想力可以分为几项，简单说明如下：

看到狗想到猫，看到鸡想到鸭。借着感觉、印象，依照事物类别的类似性去联想的结果。

说到夏天就想到冰淇淋、游泳。看到小鸟就想到鸟笼。从时间、空间、观念的角度去联想。

还有从相反的方向来思考的角度。看到男生想到女生，看到黑色想到白色等，也就是人家常说的逆向思考。

看到台风想到泥石流，说到得奖想到奖金，也就是两者的关系是从因为……所以……而来。

所以联想力跟个人的生活经验是有绝对的关系，奥秘在于能不能在过去的所见所闻之中，找到跟现在相关的事物。

我们所具备的联想力，其实对创造力有很大的帮助。创造是有效地组合各种信息，再根据新的信息，所产生出来的东西。定义中第一句话所需要具备的其中一种能力就是联想力，将各种零零散散的信息，利用联想力一一组合起来。

联想力好的人，能够对同一问题启发出多种方面、不同角度的构思。原有的信息越丰富，构思的数量应该也就越多，但很多时候因为我们对联想力缺少训练，习惯循着既定的方向去思考，无法流畅地连结出不同的构思。

当我们可以把一件事情延伸到其他地方，和其他相关的事情串联起来，当点子是一个接一个的出现，当我们越能从多种角度去构思，就表示我们的联想力很不错。这样，在学习上也更能旁征博引地将曾经学习过的内容作良好的串联。

图形联想

让我们回到最简单的图形线条，运用你的联想力，把下面第一题到第四题的图形，加入几笔改造成不同的两项事物。一共限时十五分钟完成。

题目一

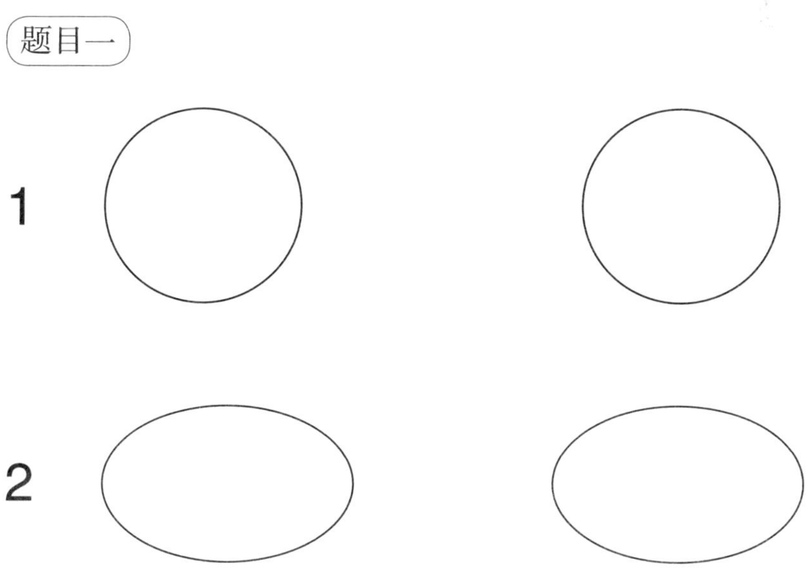

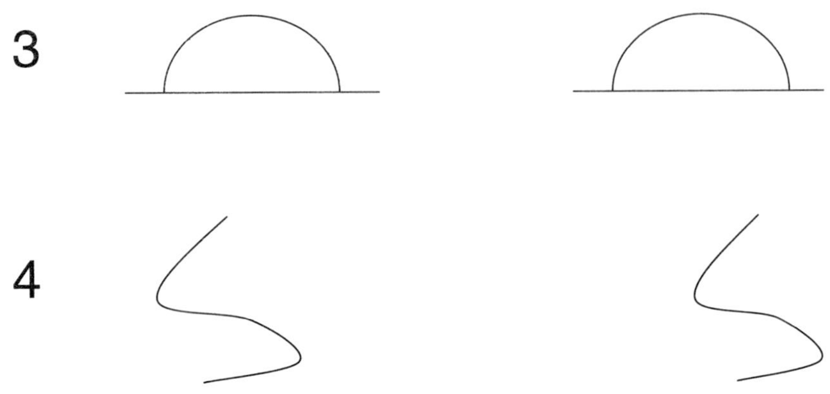

题目二

请将两个图形结合起来，加上几笔画，你觉得可以变成什么东西呢？一共限时二十分钟内完成。

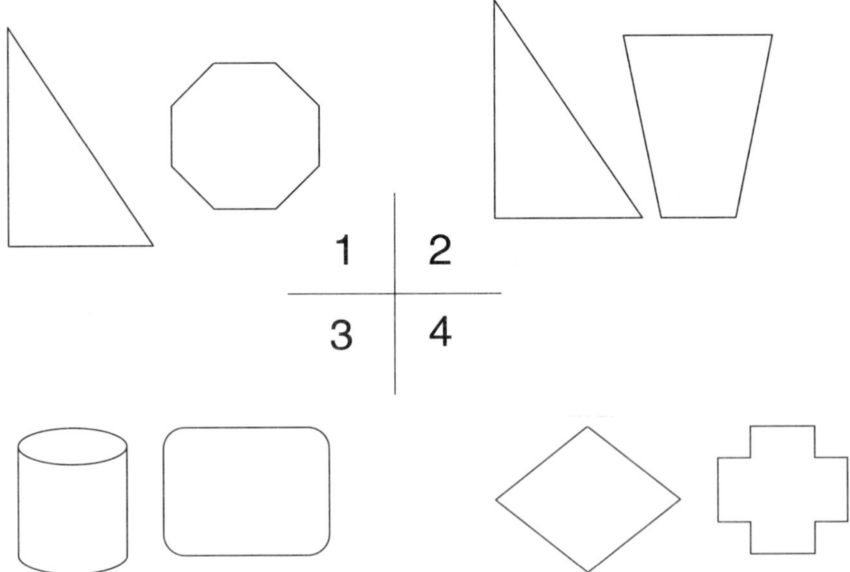

题目三

请将三个图形结合起来，加上几笔画，你觉得可以变成什么东西呢？一共限时二十分钟内完成。

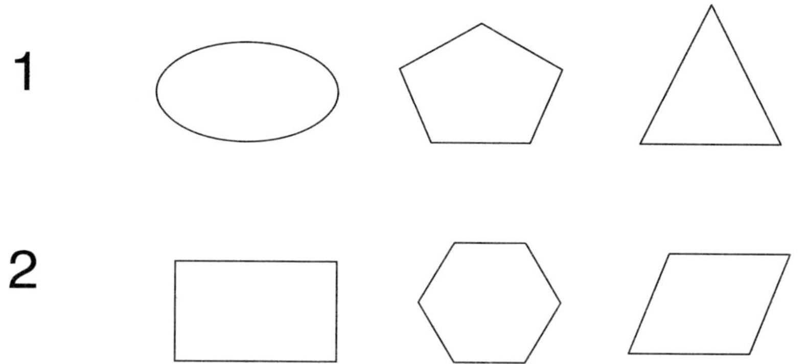

做做白日梦

当我们觉得人家想的东西不切实际时，通常会叫对方少做白日梦。白日梦常常是让我们的思绪飘扬出去，轻松自在并且随意的联想。创造力最丰盛的时候往往会出现在做白日梦的时刻，现在就让我们运用垂直思考法的方式，让我们的联想力丰富起来。

举例：

冬瓜→茶→树木→森林→空气→空气清净机→杀菌→臭氧→原子→爱因斯坦→科学家→艺术家→希腊→海洋→绿藻→环保→塑料袋→炸鸡排→健康→医生→干净

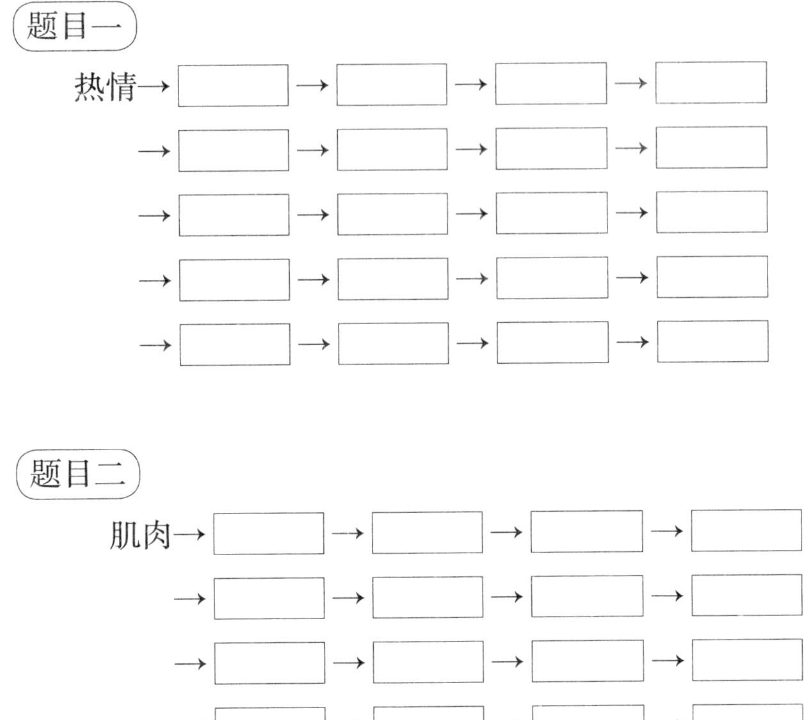

思考串起来

请运用垂直思考法的方式，把题目跟答案串起来。

让思考做有目的的自由联想。

举例：

热情→ 爱情 → 巧克力 → 烛光晚餐→白酒蛤蛎面

蛋糕→ 奶油 → 面包 → 喜憨儿 → 公益彩券

题目

水饺→□→□→□→□→漫画

电灯→□→□→□→□→拳击

气球→□→□→□→□→珊瑚

新闻→□→□→□→□→电池

跳跃→□→□→□→□→指甲油

流星→□→□→□→□→笔记本

电话→□→□→□→□→拖鞋

数学→□→□→□→□→冰沙

时钟→□→□→□→□→溜冰鞋

葡萄→□→□→□→□→口香糖

枕头→□→□→□→□→计算机

寒冷→□→□→□→□→机器人

寺庙→□→□→□→□→孔子

吃饭要洗洗脚?

在台湾这个小岛上一同居住着来自大陆各地各省的人，南腔北调的沟通，常常造成误会，中文的语调，常常是改了一下就会换一个意思，因此外国人要听懂中文的意思变得特别困难。

像“你抽不抽？”、“你愁不愁？”、“你丑不丑？”、“你臭不臭？”。“你香不香？”、“你降不降？”、“你想不想？”、“你像不像？”。还有“你摇不摇？”“你咬不咬？”“你要不要？”如果没有配合前后内容，还真不知道对方到底在问什么？

曾经在一个餐厅中，听到隔壁桌的外省老伯伯跟小孙女说话：“别急！吃饭要洗洗脚呀！”引起我的好奇心，把耳朵拉长注意听他们的对话，才知道老伯伯说的是：“吃饭要细细嚼！”一个小小的声调不同，就让人一头雾水了。

不过，也因为这样，我们的生活中才有许多幽默的乐趣。像我收过两个熟识朋友的短信是这样说的：

如果你是那流星，我一定会追上你。

如果你是那卫星，我一定会守着你。

如果你是那恒星，我一定会望着你。

看到这里，我不知该怎么办？因为对方是已经结过婚的人，怎么会写这样的短信给我呢？正在手足无措时，第二个短信到了：

可惜，你是那猩猩，我只能在动物园里看到你……祝你生日快乐！

还好，是朋友幽默的玩笑。

现在就声音的角度运用你的联想力，想想看，还有哪些字、词，是声音改变了，意思就全变了。以下是练习题目，写出的文字越多越好：

“shi 子”，可以变成：______________________

“lian 子”，可以变成：______________________

“shao 子”，可以变成：______________________

“sheng 子”，可以变成：______________________

“sheng 水”，可以变成：______________________

“shen 水”，可以变成：______________________

“zhuo 子”，可以变成：______________________

“zao 子”，可以变成：______________________

“jiu 家”，可以变成：______________________

【参考解答见 108 页】

拉关系

狄伯诺极力鼓吹的“水平思考法”，已经成为牛津英文辞典中的一个专有名词了。“水平思考法”是指“透过非传统方式寻找棘手问题答案的思考方式”。

传统的方式，指的就是“垂直思考法”：先假设一个目标或是角度，然后像堆积木一般，一个步骤接着一个步骤，依对错的逻辑推理方式架构起来，就像计算机的操作一样。

而“水平思考法”在思考的起点上就有很多不同，甚至是互相矛盾的假设，像搭积木一样，试着找找看这些积木有没有可能有连接之处。就像发明种牛痘来预防天花的方法，就比找寻如何治疗天花的方法，不仅省时也省钱。直到今天，医学界还找不出更好的治疗天花的方法。

每个人都可以经由训练而得到较佳的思考方法。训练的第一个步骤是要打破既有的僵化思考，利用各种不同方式从不同的角度来思考。不管你所提想出来的答案是多么的荒谬，不必先有“对错”的判断，只要放心大胆地去联想，往往会有意想不到的结果。

依据下面的字词，请你想出跟这个字词相关的字词，把它填进下列空格中。填空格时，请你依照书上标的顺序填写，从 1 填到 10。

题目一　春天（限时七分钟）

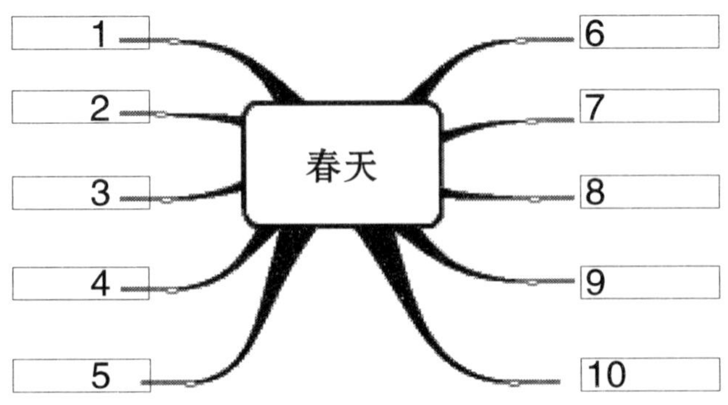

（题目二）　夏天（限时六分钟）

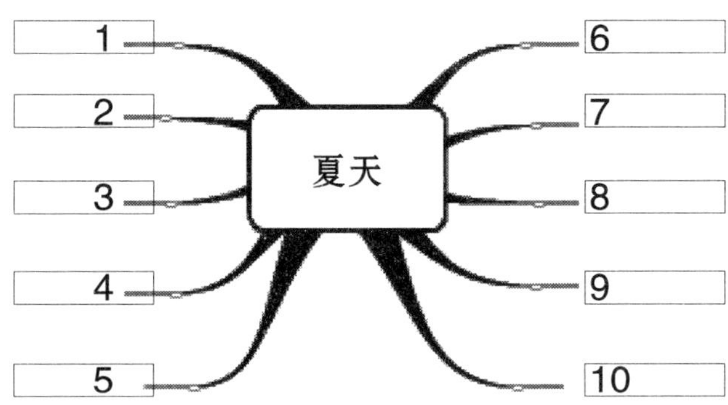

（题目三）　秋天（限时五分钟）

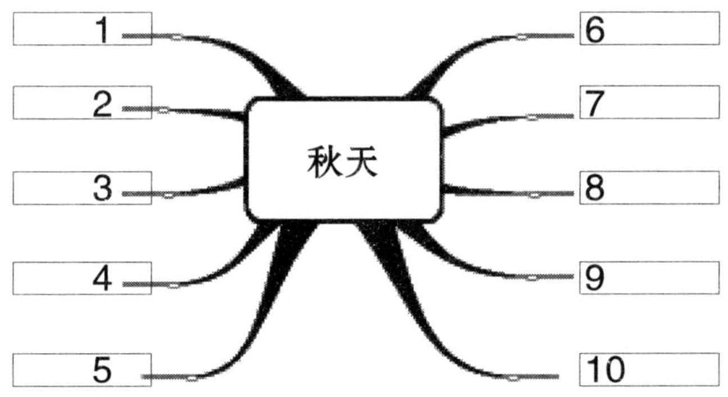

题目四　冬天（限时五分钟）

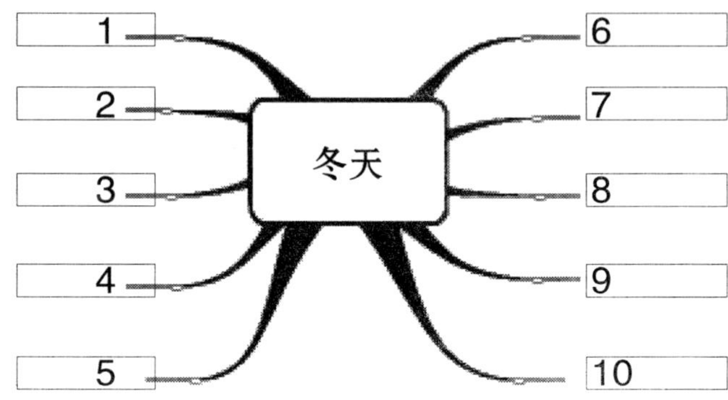

找关系

现在依据下面的两个字词，只要同时跟这两个字词相关的，就把它填进下列空格中。填空格时，请你依照书上标的顺序填写，从 1 填到 6。

举例：

春天跟玉山（限时五分钟）

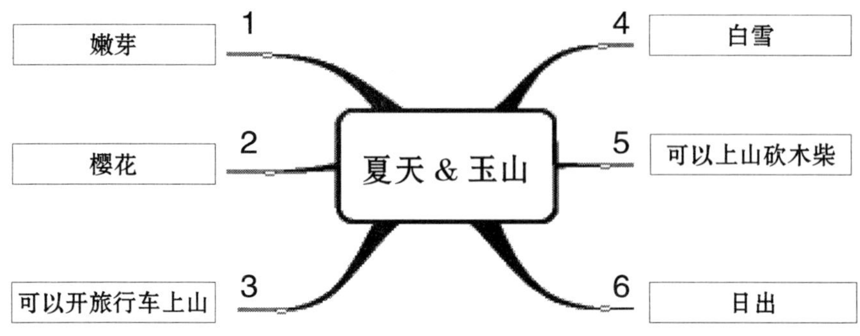

题目一　西瓜与卡通（限时五分钟）

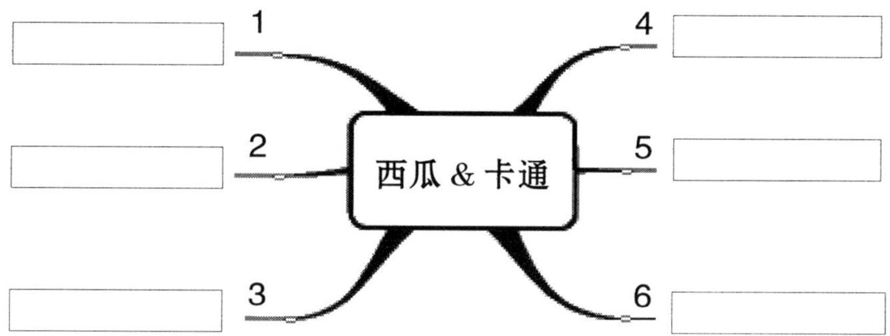

题目二　喜悦与毛巾（限时四分钟）

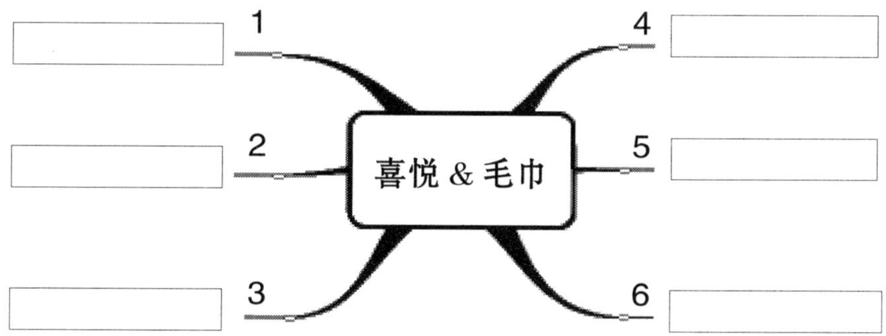

题目三　爱情与鞋子（限时三分钟）

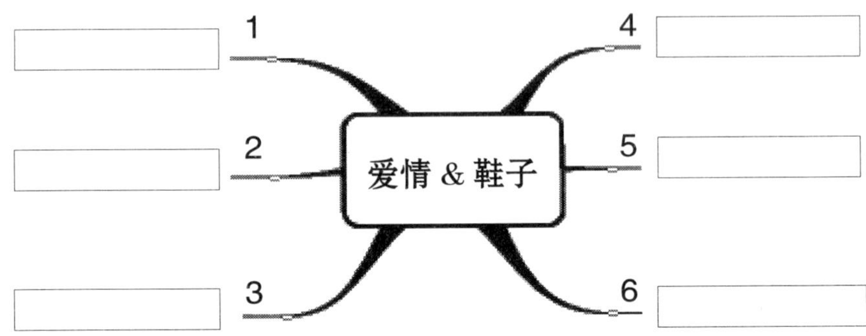

它好像是……

请根据下面的字词，用颜色来形容它，并将说明填进下列空格中。填空格时，请你依照书上标的顺序填写，从 1 填到 6。

举例：

手机（限时五分钟）

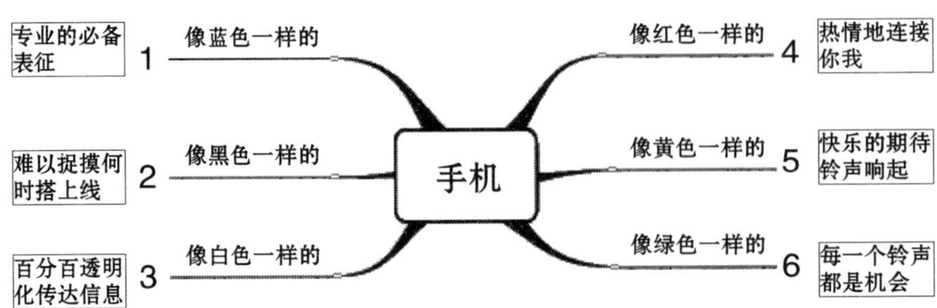

题目一

电视机（限时五分钟）

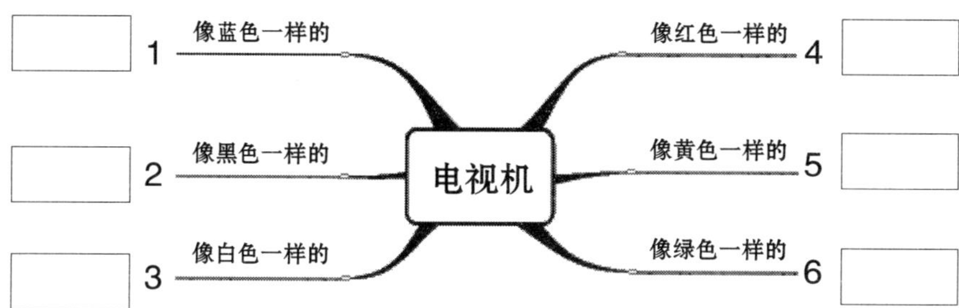

题目二

眼镜（限时四分钟）

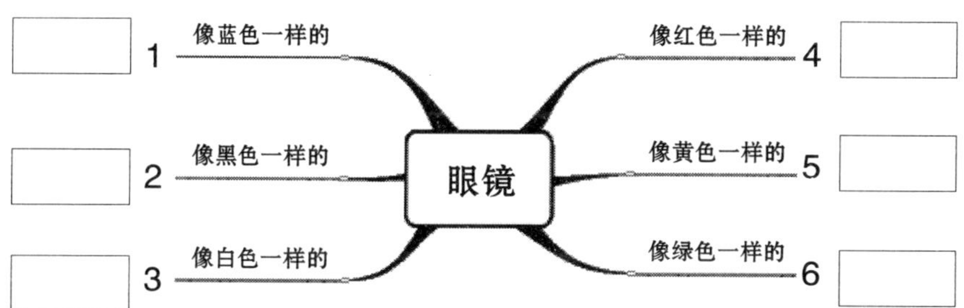

题目三

台灯（限时三分钟）

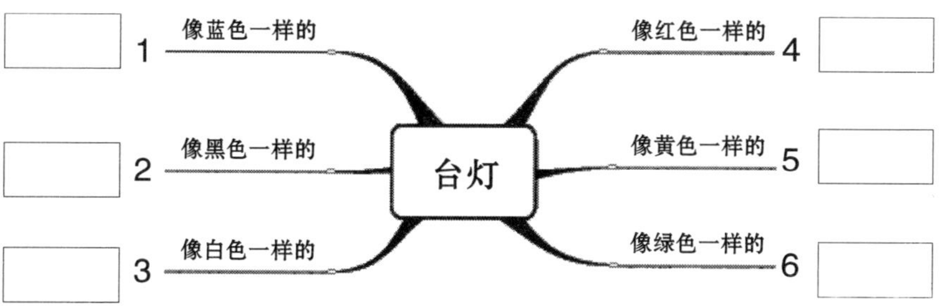

它就像是……

请根据下面的字词，用某一类事物来形容它，并将说明填进下列空格中。

举例：

用鸟类形容

零用钱	→麻雀	原因是：常常有但很少出现一大群一起来
压岁钱	→候鸟	原因是：一年一次
私房钱	→鸽子	原因是：要自己动手喂才会靠过来

题目一

小学生	→	原因是：
中学生	→	原因是：
大学生	→	原因是：

题目二

肠胃炎	→	原因是：
盲肠炎	→	原因是：
胃痛	→	原因是：

题目三

楼梯	→	原因是：
手扶梯	→	原因是：
电梯	→	原因是：

题目四

香皂	→	原因是：
沐浴乳	→	原因是：
泡泡浴球	→	原因是：

【参考的解答见 108–109 页】

没关系

现在依据下面的两个字词，只要跟第一个词相关但是跟第二个词没有关系的，就把它填进下列空格中。填空格时，请你依照书上标的顺序填写，从 1 填到 6。

举例：

跟咖啡相关，但是跟饮料不相关的（限时五分钟）

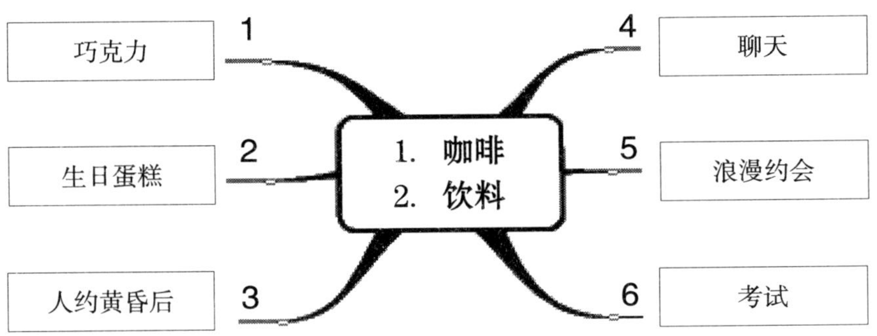

题目一

跟梳子相关，但是跟头发不相关的（限时五分钟）

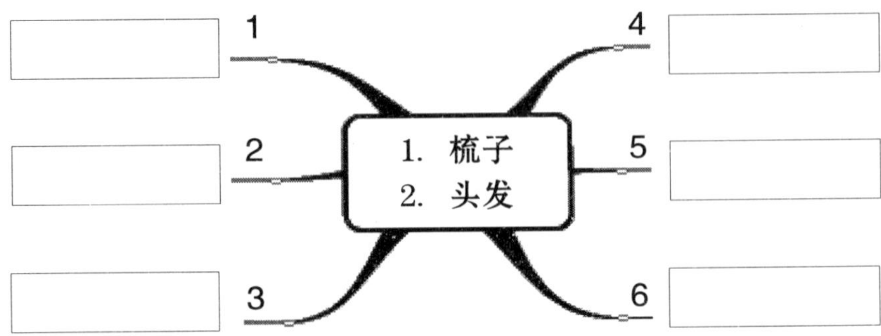

题目二

跟苹果相关，但是跟食物不相关的（限时五分钟）

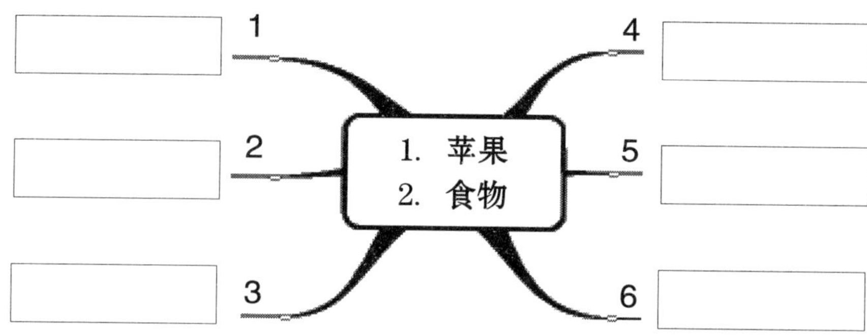

题目三

跟阳光相关，但是跟炎热不相关的（限时五分钟）

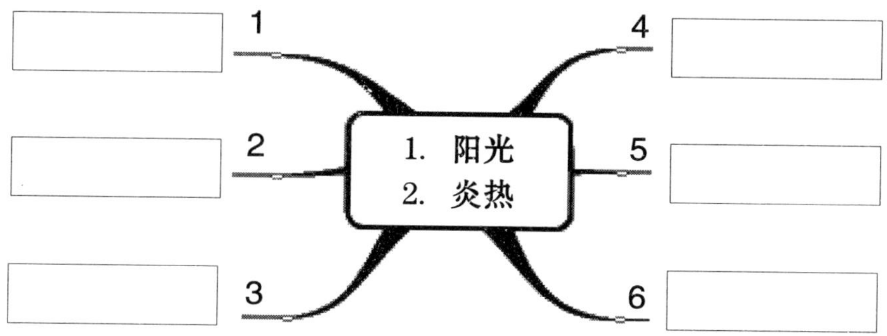

88 页解答

另外一个图形如果你只是回答九个正方形，就太普通了。

如果能回答出从空中鸟瞰的金字塔，就表示联想力很不错喔！

97 页解答

"shi 子"，可以变成：狮子、虱子、石子、柿子

"lian 子"，可以变成：帘子、联子、莲子、链子

"shao 子"，可以变成：杓子、哨子

"sheng 子"，可以变成：绳子、生子

"sheng 水"，可以变成：生水、省水、圣水

"zhuo 子"，可以变成：桌子、镯子

"zao 子"，可以变成：凿子、枣子

"jiu 家"，可以变成：九家、酒家、舅家、旧家

104 页解答　题目一

小学生	→鸭子	原因是：只会吃、玩、吵
中学生	→公鸡	原因是：有了它，一大清早就要跟着起床了
大学生	→鹅	原因是：努力将他喂饱，期待产出昂贵的鹅肝酱

105页解答　题目二

肠胃炎	→鹦鹉	原因是：接收什么就口中吐出什么
盲肠炎	→豹	原因是：不期然地以偷袭方式出现
胃痛	→狗	原因是：觉得气氛紧张就开始叫

105页解答　题目三

楼梯	→吃东西	原因是：一定要自己来，不然没有用
手扶梯	→长头发	原因是：一切都不是你能控制的
电梯	→消化食物	原因是：有进才有出

105页解答　题目四

香皂	→成人的手	原因是：自己来、自己出力才有效果
沐浴乳	→商人的手	原因是：别人帮你一切准备好，你只要推最后一把就行了
泡泡浴球	→富贵手	原因是：一碰到水就不行了

学习力本质：创造力

1. ……情况不是这样的。
2. ……这不可能做得到。
3. ……这绝对是不行的。
4. ……这不是一个对我们最好的结论。
5. ……这个想法我们用不到。
6. ……这个点子曾经想过了。
7. ……这成本太高了。
8. ……这缓不济急。
9. ……这是毫不相关的两件事。
10. ……我们不能忽略了现实。
11. ……我们缺乏这方面的经验。
12. ……这真是个笑死人的想法。

前面我们谈过观察力是一切思想活动的源头，观察力就像树木的根一样，不断地从外在的环境吸收信息；联想力就像树木的树干一样，不断的把各项信息输送到树枝上；逻辑力就象是树木的树枝，决定了树木的生长形状；而创造力就象是树叶跟花一样，是我们所看到最美丽的部分；逻辑力跟创造力都是思考能力的一种，缺少逻辑力就长不出创造力，缺少创造力就像树木只剩光秃秃的枝干一样，一点生命力也没有。

创造是将新事物引出的过程。采过去没有使用过的新鲜方式来看待任何事物，或赋予任何事物前所未有的新意义，就是创造。创造包含三个部分；一是高度的观察力，从生活周围中辨别出别人可能会忽略而有意义的事物；二是高度的联想力，以有意义的方式将所观察到的事物串联起来的能力；三是勇气，表现出新结果的勇气。

我们每天早上起床后，开始穿鞋子、刷牙、洗脸、换衣服、吃早餐、打招呼、走路、开车、绑安全带、搭公交、刷卡、洗澡、睡觉，甚至谈话、上网，几乎百分之九十九的动作都属于惯性的动作，动作一再地重复慢慢地就变成我们固定的习惯。习惯让我们不用事事都依赖大脑一步步去思考和下决定，天气冷了就多穿点衣服，早上遇到人就说早安，下午就说午安，晚上就说晚安，让我们的生活轻松又便利，可是这些行为是最没有创意的。任何事情不管它原先的处理方式是多么地有创意，一旦成为习惯，反而会变成扼杀我们创意的来源。

现在让我们一起来看，把双手交叉在胸前，注意一下，是左手在上还是右手在上。现在换过来用跟原本相反的方式去做，虽然可以做得到但总觉得怪怪的。如果要你用最舒服的方式交叉双手，相信你一定会选择原来的方式。我们第一次交叉双手的方式，应该都只是随机产生的动作，一次两次慢慢地养成习惯之后。习惯让我们觉得舒适，只要跟原本的习惯不同时，刚开始总是会觉得不舒服。

事实上习惯有很多形式影响着我们的思考，还影响着我们观察事物的角度。人类是唯一有创造冲动和创造力的生物。大多数的人都以为新风格、新发现、新突破的科学家或艺术家才有创造力。创造力跟天赋或是智商无关，人人都有创造力，不过，却不是每个人都有勇气表现出来。有一次家里的漏斗一时找不到，妈妈就拿了一个纸杯，在底下钻了一个洞，然后把杯子稍微压扁，就可以把糖顺利装进罐子里。

创意跟一个人的人格、习惯、态度、环境等有着密切的关系，这些因素常常会成为阻碍一个人创意思考的障碍。我们大多数人都希望自己是一个有创意的人，可以过着有创意的生活，但是能够达到这种境界的人并不多。

英国小说家毛姆未出名之前，眼看着自己就快要饿死了，于是豁出去在报纸上刊登一则征婚启示："本人是个年轻的百万富翁，喜欢音乐和运动，现在征求一位跟毛姆小说中一模一样的女士，希望能共结连理。"

广告登出后，书店里所有毛姆的小说立刻销售一空，印刷厂必须连夜赶工才可以供应读者的需求，不管是已婚、未婚、男的、女的、老的、年轻的，大家都想看看小说中的女主角是什么条件。尤其是有女朋友的男生，都要防止自己的女友去应征。

从此毛姆的小说声名大噪，销售一路长红。

利用人类的好奇心，轻轻松松就能达到宣传自己新书的目的，看到这里，会不会觉得毛姆真是太聪明了，一点都不必提自己的书有多好看，就自然变成畅销书了。我们再看看另一个例子。

从前法国有一个专门在皇家表演的喜剧演员，趁着假期到乡村去玩，假期结束了发现自己已经没有钱可以买车票回家。他想这里没有人认识我，也没有朋友在这里，又必须准时赶回皇宫，如果这时请人送钱来也来不及，怎么办才好呢？

第二天一早，喜剧演员还是一样跟旅馆的人打完招呼就出门去了。买了两瓶酒，一瓶上面贴着“给国王的毒药”，一瓶上面贴着“给皇后的毒药”，拿回旅馆时故意让柜台的服务生看到纸条上的字。

柜台的人看到酒之后，马上请警察来抓走喜剧演员。依照规定，所有嫌疑犯都必须马上押送回巴黎，因此喜剧演员当天就被送回巴黎。

到了巴黎之后，喜剧演员马上被释放，因为出门买酒时，他顺便寄了一封信给国王，说明来龙去脉，国王因为喜剧演员的机智而哈哈大笑。所以国王就派人到巴黎警察局去领回喜剧演员。

喜剧演员跟毛姆一样都是利用别人的心理，来达成自己的目的，再加上对法令的了解，才有办法替自己解围。

创造力常常被人形容得好像是非常了不起、非常伟大、难以捉摸、无法具体形容的东西。事实上，新的产品、新的服务、新的理论并不是无中生有的魔术。创造力其实是把过去存放在我们脑中的旧观念，应用在新场合、新方法并且重新组合而已。

很多人常常说他们很忙，一大堆事情等着马上去做好，抱怨着没有时间好好地思考。实际上，不愿意花时间去想新方法的态度，也是一种习惯。美国汽车大王亨利·福特曾说："思考得越多，就会越有时间。"这告诉我们如果愿意多花点时间，去想出不一样的做事方法，自然就会帮我们节省很多做事的时间。

我们常常不自觉地就像锯木工人一样，陷入下面的困境之中：面对堆积如山的木材，锯木工人埋头苦干，一直不停地锯木头完全不敢休息，没有时间想采取什么其他的方法，也没有时间去将锯子磨锋利，因为木头实在太多了，只能将时间全数花在锯木头这档事上，于是锯子越来越钝，效率越来越差。很多人面对问题时就像锯木头的工人一样，不愿意投资额外的时间去磨利他们的创造力。

达·芬奇小时候就是脑袋中充满幻想的小孩子，因为想象力太过丰富了，常常老师跟家人都认为达·芬奇爱说谎，而跟达·芬奇的爸爸告状。幸好，达·芬奇的爸爸都会这样回答："他不过是个爱做梦的小孩罢了！"如果达·芬奇生长在现代，可能会被老师跟家长认为是注意力不集中的孩子，甚至常常被处罚或是被要求作业要重写，需要严加管教。也可能因此一位天才就这样被扼杀了。

我曾经在图书馆中看到一个爸爸带着约三年级的小孩在写作业，爸爸规定小孩自己写练习题，不会写的字写注音，全部写完了再告诉爸爸，爸爸就在旁边看书。当小孩问爸爸这样可不可以时，爸爸就不耐烦地说："不是教你全部写完了再叫我吗？"或是"不会写的字就写注音！"小孩的脸原本看起来还算高兴，慢慢地越来越臭，最后就发呆不写了。一个小时过去了，爸爸接完电话后，又指责小孩说："还不赶快写！我的时间都被你耽误了，我有很多事情要做！你知不知道我一直在等你写完，我还要赶去别的地方。"

一会儿，他们就走了，我不知道小孩子的练习题到底写完了没有，我可以确定的是，就算这个小孩原本很爱读书，如果家长常常用这样的态度去陪小孩写功课，不用一年，这个小孩一定会常常写功课拖拖拉拉的，宁可不写，也不愿意被家长指责写错了。想象力、创造力、学习兴趣、尝试错误的勇气就这样被扼杀了。

想象力的分类

创造力跟想象力有很密切的关系，因此不能不谈想象力，在这本书里我不用太过学术地讨论这个话题，我要强调的是实用性。

因此，对于创造力的部分，我实际上已经融合了想象力的内容在里面，并不打算将两者分别作讨论。希望借由这一本书，大家可以自我练习提升自己的创造能力。

想象力跟创造力一样，都是将已经有的观念加以分析、综合，而创造出新的构想，这两者是一体的两面。想象力在学术上的分类很多，在这里就简单地介绍一下。

臆测性想象——从来没有实际经历过，只根据片断的资料进行分析、综合而想出新的构想或推测。例如：有一天妈妈跟姐姐在厨房洗碗，爸爸跟弟弟在客厅看电视，忽然听到一声碗盘落地的声音。过了一会儿弟弟就说这一定是妈妈打破的，因为妈妈没有骂人。

创造性想象——不管是旧东西赋予新的风格或改良，将东西从无到有的思考过程。不被过去所限制，天马行空、异想天开的想象，常常有意想不到的创举。

例如：美国画家海曼，画素描时常常在修改时找不到橡皮擦，非常生气。于是他就把橡皮擦绑在铅笔末端，后来朋友建议他申请专利，海曼就成了“有橡皮擦的铅笔”的发明人。

再现性想象——根据过往的经验做延伸，重新定位。例如味精的发明，日本池田菊苗教授分析了海带的独特风味，发现了“谷氨酸”，并且将之产品化。富兰克林带着风筝和莱顿电瓶在雷雨中放风筝，闪电时风筝上的钥匙发出火光，两手被电麻还高兴地大叫：“我被电到了！我被电到了！”证实天上的闪电，跟我们用的电是一样的。

构造性想象——分析并找出各种因素中合理而且有意义的组织与架构。例如：牛顿看天上的月亮每天都高挂在天空，不会掉下来，炮弹却会掉下来，他怎么想也想不出为什么。有一天他坐在苹果树下思考很久，看到成熟的苹果掉下来落到地上，突然高兴得跳了起来，因为他发现了地心引力。地心引力就是从月亮、苹果、炮弹这三样东西所推理出来的。

替代性想象——改良现有事物不合意的地方。例如要跑得快，就必须穿运动鞋而不是皮鞋。例如：对于人不能飞这件事实不满意，于是模仿鸟，发明了飞机。对于飞机需要滑行跑道的事实不满意，于是模仿蜻蜓的飞行样子，发明了直升机。对于夜间行动视线不良的事实不满意，于是模仿蝙蝠以声波掌握物体的所在，发明了雷达。对于哺乳类无法在水中长期生存的事实不满意，于是模仿哺乳类海豚的换气及潜水方式，发明了潜水艇。

不管学术上的分类如何，“学习”这件事情本身的目的是要从过往的生活经验中，让我们找出对未来有帮助的地方。创造力丰富的人，生活角度会越来越广，于是生活态度会越来越美好。

其实在日常生活中有许多活动都可以保养我们的创造力。当我们看完电影之后，可以买个电影原声带回家听，听的同时在脑海中重现原本的情节画面。如果喜欢阅读小说，可以试着阅读科幻小说，让自己的想象力一起进入超现实的环境中。如果喜欢动手做东西，可以学习一些理论少、创意高的活动，例如插花、变化发型、手工艺等。

你最近的创造力如何呢？每天都会产生并运用新的创意吗？会去参加跟自己所学无关的课程或会议吗？或是常常说出本章节最前面列出的十二句话吗？

网络上有一个笑话，说明创造力随时都会出现，只要你能用心去探究问题，创造力无所不在：

乍闻朋友“佑道”的兄长名字分别为“图道”、“焉道”时，心中暗自猜想命名者定是学识渊博，且对于中国人所谓之“道”有深厚的研究，更臆测其名必定出自于古书的某一章节。

终于有天难掩好奇心，将满腹疑问请教同事佑道，佑道听完我的问题之后哈哈大笑，然后娓娓道来其“道”。

原来佑道的兄弟名字都是父亲所取的，佑道的父亲是位淳朴庄嫁人。生大哥时，正是他家的花生田收成时节，为了庆祝花生丰收、又生了儿子的双喜临门，他父亲决定为儿子取名为“图道”，因为用闽南语发音，跟花生（土豆）同音，用字也不俗，所以老大就叫“图”。

后来生了二哥，觉得“道”字颇为文雅，希望也将此字放到名字里，二哥生来白胖可爱，日后肯定是个大帅哥，于是命名为“焉道”（音似闽南语的“英俊”）。

妈妈怀老三时，众人都依照肚子的形状猜测这一胎一定是个女孩，父亲独排众议，坚信一定是男孩，后来不出所料，果然生了一个胖小子，既然是猜对了，于是就有了“佑道”（音同闽南语的“猜到”）的名字。

A点到B点

兔子找猴子打赌，比看看谁最厉害。

兔子说：“我有办法到你绝对到不了的地方。”

猴子当然不信，于是猴子决定跟兔子赌了，结果兔子一跳，跳到猴子的头顶。

很多时候，换一个立足点，答案就出来了。

题目

纸上两点，A点、B点，请以任何方式，想想看有哪些方法可以连接这两点，限时五分钟。越多方法越好。

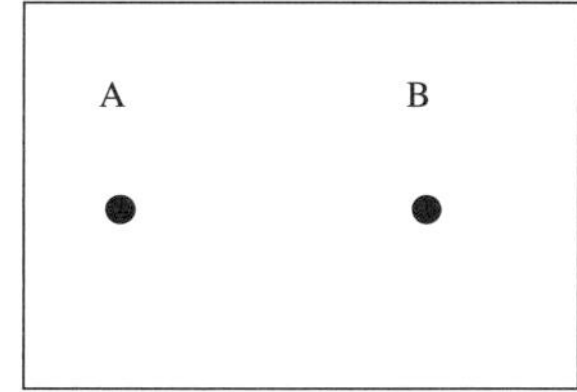

【解答见131页】

或是纸张对折起来让两点相叠、绕地球一圈、从纸的反面连接。这样的答案已经扩充到立体的概念了。如果想出来的答案是什么都不做，因为空气已经将两者连接起来了，那就进入抽象的概念。

创造力就是用不同的立足点去想问题，自然而然就会有答案产生。

现在请写下来所有可能可以从家里到公司的路线。不管远近、马路大小、时间多少，只要能到达都可以。现在有了这张路线图，下次堵车时换个路线走看看，说不定会发现更快的到公司的方法。

卖雨伞和卖扇子

从前有一个阿婆，大儿子是卖雨伞的，小儿子是卖扇子的。出太阳时，老妈妈就担心："唉呀！天气这么好，大儿子生意一定很差。最近他又缺钱，怎么办才好？"如果是下雨天，老妈妈就担心："哎呀！这么大的雨，小儿子的扇子一定卖不出去。真是糟糕！”就像这样子，老妈妈不管晴天或雨天，总是不断有烦恼。

后来邻居就告诉她说：“如果晴天的话，你就想小儿子的扇子生意一定很好。如果下雨天的话，那当然大儿子的生意一定很好呀！”老妈妈听了之后，就很高兴，开始照邻居所说的“逆向思考”去做。

又过了一阵子，一个亲戚听到这个信息，就跟老妈妈说：“大儿子一定只能卖雨伞吗？小儿子一定只能卖扇子吗？出太阳时，可以叫大儿子帮小儿子卖扇子。下雨天时，就可以叫小儿子帮大儿子一起卖雨伞呀！”老妈妈听到这些话，终于恍然大悟说：“光改变思考方法就能得到幸福吗？应该要思考怎样才能达到幸福的方法。”

“幸福不是掌握在手里，而是要靠‘动脑筋去改善的’。”于是，从这一天开始，老妈妈不管下雨天还是晴天，都很高兴，他的两个儿子生意都很好。

我们常常落入不是黑就是白的思考陷阱中，“逆向思考”可以解决一部分的问题。但是多元化的思考，常常可以让我们得到更周全的答案。

现在我们就做一个练习，首先从逆向思考开始，请你从下面的生活问题中，找到优点。

题目

- 小孩子半夜不睡觉，还在书房玩在线游戏。
- 早上闹钟坏掉了，必须坐出租车去上班才不会迟到。
- 回家后才发现忘了带钥匙出门，必须在外面等家人回家开门。
- 上班时发现电梯坏了。
- 小孩放假就外出打球，不喜欢看书。
- 上班后才发现今天没有带手机出门。
- 在马路上目睹一场车祸，发生大堵车，于是上班迟到。
- 公司庆功宴全体去唱 KTV，声音却因感冒而沙哑。
- 年终奖金不如预期的多。

涂鸦竞赛

有一个富翁，他们家的墙壁时常被小朋友画得乱七八糟。于是他就在墙壁上写着：

“在这个墙壁上画画的人，会被雷公劈死。”

富翁心里想，这下墙壁就可以干干净净的了。

第二天一早醒来，富翁看到墙壁上，被涂改成：

“在这个墙壁上画画的人，不会被雷公劈死。”富翁气死了，改成：

“不在这个墙壁上画画的人，不会被雷公劈死。”

第三天醒来，富翁看见墙壁上已经被改成：

“不在这个墙壁上画画的人，会被雷公劈死。”富翁实在生气，再更改成：

“说‘不在这个墙壁上画画的人，会被雷公劈死’的人，会被雷公劈死。”

如果你是小朋友，你会把这句话再改成什么呢？请你写下来：

____

富翁第四天醒来，把句子又改成：

____

小朋友继续这句话再改成什么呢？请你写下来：

____

富翁第五天醒来，把句子又改成：

____

小朋友继续这句话再改成什么呢？请你写下来：

____

【解答见 131 页】

富翁第六天醒来，一看简直快气死了。

文字拆拆看

要嘴皮子的人很喜欢玩一些文字游戏，让人哭笑不得。

如称赞对方可爱，后面再补一句“可怜没人爱”，贤惠就是“闲在家里什么都不会”，偶象就是“呕吐的对象”。又好气又好笑之余，还是让人十分佩服他们的造词能力。

现在就借用这种现代仓颉的能力，让我们的思考动起来，不过可别用来形容不是很熟的朋友！那是很没礼貌的行为喔！

题目

帅气：________________

老实：________________

超人：________________

勇士：________________

大方：________________

谦卑：________________

幽默：________________

时髦：________________

快活：________________

负责：________________

好意：________________

【参考解答见 131–132 页】

用声音看东西

画家梵高小时候就跟其他五个孩子不一样，有一天晚上妈妈发现梵高又不见了，爸爸说：“别担心，他一定是出去散步了。”于是爸爸出门找他，看见梵高躺在草地上看星星。梵高看到爸爸兴奋地说：“爸爸你看，那颗星星特别亮，简直就像……就像……”

爸爸说：“就像太阳一样吗？”

梵高说：“不是的，它的亮度跟太阳不一样，它跟白天的空气一样亮。”

伟大的艺术家对事物的看法一定是异于常人的，赋予事物不同的生命力。想要成为一个有创造力的创意人，必须先观察出事物的本质，再运用联想力把观察到的信息重新组合，成为一种全新的创意。

声音无所不在，对听力健全的人来说，声音带给我们很多的感官刺激：被妈妈赞赏、听到雷声吓一跳、早上的鸟叫声、夜晚的虫鸣声等。声音让我们觉得世界是丰富的。

声音串连着我们生活的记忆，现在就让我们练习用其他的感官及事物来形容声音。完成下列的练习，你会觉得当一个生活诗人是一件蛮简单的事。

举例：

猫叫声：一丝丝的，好像轻柔的棉花

公鸡叫声：像强而有力的冬日太阳努力传送着温暖

题目

老鼠叫声：________________________________

牛叫声：________________________________

大雨声：________________________________

溪水声：________________________________

汽车喇叭声：________________________________

肚子饿的叫声：________________________________

手表滴答声：________________________________

枪声：________________________________

鞭炮声：________________________________

切菜声：________________________________

口哨声；________________________________

高兴唱歌声：________________________________

抽水马桶声：________________________________

救护车声：________________________________

洗澡声：________________________________

创造火星文字

年轻人思考尚未固化，总是比较有创意。每一个时期的学生，总是喜欢创造一些属于自己的文字，来与师长或是个性嗜好不同的族群相区别。像 LKK，比喻年纪大的或是思想落伍的人。这类火星文字，总是令学校的老师们花很长的时间，寻访“名师指导” 才能破解。现在，就来瞧一瞧所谓的火星文字，看看你是不是 LKK 一族。

附注：

火星定义：一般大众无法理解的事物，大都归类在火星这个字眼下面。

火星文定义：指的是一般人无法了解，或是难以了解的文字内容。一般学生所用的火星文，大都是用相似音调的英文、数字、奇怪的符号来代替汉字。包括注音文字在内。

举例：

【本文】

明天要开 56 班亲会，想必会来一堆欧氏宗亲会的人。

morning call 的成绩出来了，炉主、顾炉、扛炉的还是那几个宫本美代子的同学，要是我考这种成绩，我妈一定 AKS，骂我干脆史努比算了。

【翻译】

明天要开无聊的班亲会，想必会来一堆欧吉桑和欧巴桑（指中老年妇女）。

模拟考的成绩出来了，倒数一二三名还是那几个根本没事做（闽南语：根本没大志）的同学，要是我考这种成绩，我妈一定会气死（闽南语），骂我干脆死在路边算了！

很有趣吧！不得不佩服他们的创造能力。

虽说火星文写多了会影响正常文字的优美程度，不过作为族群的识别及日记的书写倒是别有一番趣味。现在就请你来创造火星文，作为你自己的个人密码。

我们以数字为例；小时候我们在幼儿园都学过将 1 ～ 0 转换成物件来代替比较好记住数字的书写形状。

举例：

数字	密码	原因
0	甜甜圈	甜甜圈中间有一个洞，形状很像 0
1	铅笔	直直的一根，形状很像 1
2	鸭子	弯弯的脖子，形状很像 2
3	麦当劳	m 字转九十度，形状很像 3
4	帆船	上面帆的样子，形状很像 4
5	钩钩	挂在墙壁上的钩钩下半部，形状很像 5
6	孕妇	大肚子的样子，形状很像 6

7	拐杖	形状很像 7
8	眼镜	眼镜转九十度，形状很像 8
9	汽球	汽球快没气时垂下的形状很像 9

现在让我们回到幼儿园的时候，用数字做练习，发挥创造力来创造属于自己的数字密码。横向是代表十位数，直向是代表个位数。【参考解答见 132–133 页】

十位数 / 个位数	0	1	2	3	4	5	6	7	8	9
0										
1										
2										
3										
4										
5										
6										
7										
8										
9										

121 页 A 点到 B 点的参考解答

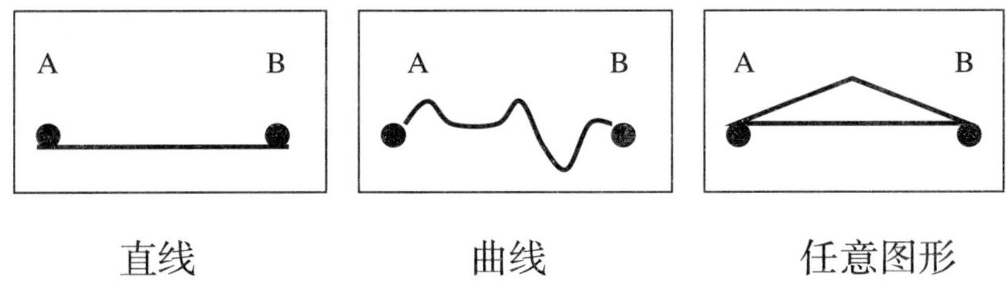

124 页涂鸦竞赛的参考解答

小朋友：“说‘不在这个墙壁上画画的人，会被雷公劈死’的人，不会被雷公劈死。”

富翁：“说‘不在这个墙壁上画画的人，会被雷公劈死’的人，会被雷公劈死。”

小朋友：“说‘在这个墙壁上画画的人，会被雷公劈死’的人，会被雷公劈死。”

富翁：“说‘在这个墙壁上画画的人，会被雷公劈死’的人，不会被雷公劈死。”

小朋友：“没有说‘在这个墙壁上画画的人，会被雷公劈死’的人，不会被雷公劈死。”

125 页的参考解答

帅气：长得像蟋蟀又惹人生气

老实：老是不守时

超人：专抄袭别人

勇士：勇敢的女士

大方：嘴大脸又方

谦卑：欠揍又可悲

幽默：幽灵般的沉默

时髦：时时把人惹毛

快活：快要不想活

负责：富有又不怕挫折

好意：好喜欢打别人的歪主意

130 页数字密码举例说明的参考解答

00：声音像铃铃，可以用门铃当密码。也可以说有两个零就是百位数，所以想到用百步蛇作密码。

01：发音像灵异，可以用符咒或是贞子当密码。

02：发音像铃儿，用铃铛当密码。

03：发音像铃声，会发出铃铃铃声音的东西就是闹钟，用闹钟当密码。

04：发音像零食，用洋芋片或爆米花当密码。

05：发音像莲雾，当然用莲雾当密码。

06：发音像青藏高原上的牦牛，所以牛用当密码。

07：想到 007，用 007 当密码。

11：形状像一双筷子。

12：发音像婴儿。

13：发音像衣衫。

15：一五的发音像鹦鹉，所以用鹦鹉当密码，或农历十五月圆，可以用月亮当密码。

17：一七的发音像仪器，所以用显微镜当密码。或发音像石器，所以用石斧当密码。

20：发音像饿死，为了不要饿死所以要吃饭，因此用饭当密码。

28：女生生理周期 28 天来一次，所以用卫生棉当密码。

24：发音像耳屎，所以用耳屎。

32：发音像善恶，分辨善恶最有名的的人就是包公，用包公当密码。

40：女人四十一枝花，用女人当密码。

50：发音像巫师，最有名的巫师就是巫婆啦！用巫婆当密码。

60：发音像牛屎，用牛屎当密码。

70：发音像 CHEESE，用起司当密码。

学习力的本质：逻辑力

一、请告诉我右图 AB 跟 BC 两个线段谁比较长？

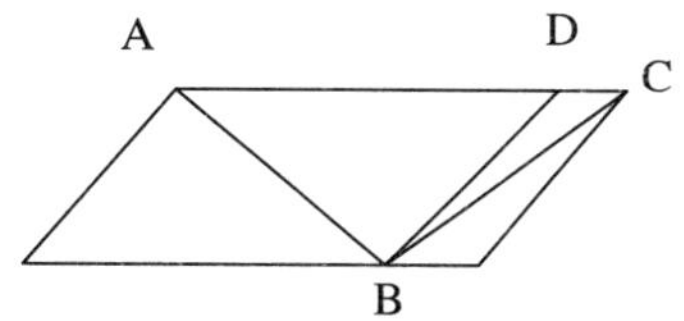

【参考解答见 160 页】

二、请看看以下的故事，再根据故事回答我的问题。

有一天，一个微服出巡的大官听到大家都说算命先生的卜卦十分灵验。因此大官去找算命先生帮他卜个卦，算命先生请大官任意写出一个字。大官想一想写了“卜”字。算命先生马上说：“您是一位微服出巡的大官，请看看您所写的『卜』字，不就像一个人的腰挂着官牌的样子。”大官于是赞叹算命先生的观察力。

大官心里想，我得再去试探一次看看。于是找来了一个乞丐，穿上华丽的衣服，然后直接去找算命先生卜卦，接着一样写出一竖一点的字。这次算命先生却说：“你是乞丐！一定是刚才的大官叫你来测试我的！会在腰间挂铁牌的人，除了当官的人以外，就只剩下身上只挂着汤匙的乞丐了。大官已经来过了，所以再来的一定是乞丐。”

请问算命先生的观察是对的吗？你能不能举出还有哪些

人会在腰间挂上铁制品呢？

我们在学习的过程中，会不断地接收到很多的信息或知识，如果没有用自己的逻辑加以判断，再多的信息对我们而言也是无用的。算命先生用他自己亲身观察到的现象发展出一套自己的逻辑，算命先生的推断，在现代还管不管用？我想这个推断在现在应该不管用了，因为许多男性都会在腰间挂上手机。

虽然生活中的事件是我们亲身去体验与累积逻辑经验的来源，许多时候因为取材的不同反而会成为不合逻辑的想法和来由。

常常听到很多无辜的老人被诈骗集团骗钱，他们擅用不完整的条件，例如亲友被绑架需要一笔款项的故事，利用我们无法在有限的时间内做查证，再引申出不正确的结果让我们相信。如果我们在接收到任何信息时，都审慎地再思考一次：这个结果成立的条件是什么？不成立的条件又是什么？养成批判性的思考就能不被条件不足的结论所困惑。

很多时候我们不是被诈骗集团所骗，而是被我们自己给自己设下的局限所困惑。有一个算命先生宣称自己可以预知未来，有三个书生在进京赶考之前一起去找算命先生帮他们卜卦，后算命先生举出三根手指头。三个书生看了一会儿，不约而同地说：“太棒了，我们三人全中榜。”

然后跟算命先生说谢谢，彼此互道恭喜，高高兴兴地走了。邻居觉得很不可思议，问算命先生，三人一定会全上榜吗？算命先生说："不管结果怎么样，我算的都对。"

请问算命先生的逻辑是什么，让他敢说出这样的大话。

【参考解答见 160 页】

先不管算命先生是不是骗人的江湖术士，他的推理逻辑是很值得我们去了解的。我们生活中所面临的问题，并不都是"对"、"不对"的问题，除了肯定与否定之外，还有很多选择。因为事情的发生不仅是一体两面，还有一些条件不清楚的模糊地带出现，让人产生混淆不清的思考，模糊了焦点所在。这时就必须依赖逻辑力来帮我们厘清事件的本质与本意。

"逻辑"是从我们生活经验中整理出来的"基本"思考原则，没有学过逻辑的人，也能正确地思考；就像没有学过物理学的人也会打撞球、游泳、骑脚踏车一样。但是学过物理学对这些活动更有帮助。

当两个人在吵架的时候，常会听到一方说："这是什么道理呀！""这个人没信用！"一个人被说成"不讲道理"或被说成"不讲信用"，都是很没面子的事。讲道理就是讲逻辑。

有逻辑力的人，就可以用更简洁、准确、合理的方式来思考问题、把握问题、解决问题。

因此懂得逻辑思考的人，能静下心来听取别人的意见，心平气和地婉转说出自己的看法，见解合理、说明井然有序、容易被理解、能化繁为简，就具有说服的力量，能不被各种意见所混淆，使事物得到圆满的结果。如果是不懂逻辑的人，常常会在面临困难时，想不出方法，不容易接受别人的意见，没有耐心，而且经常打断别人的好意，容易越来越焦虑、越来越发脾气。

如果你走到一座年代久远，看着好像随时都会断裂的木桥前，不敢踏上去，你心中一定会想："先看看有没有别人走过去再说吧！"观察了一会儿，一个小孩、一个体重一百公斤的人、一个老人外加一头牛，他们都安全过了桥，你才敢跟着小心翼翼地走过桥。

很多时候，我们想要学习，就像过桥一样，我们想找到最安全的方式，去完成我们的目的，所以我们会去上课、去听演讲、去看书、去请教别人，就是希望看到别人所走过的路，有没有成功，够不够安全。但是光请教别人的经验，不代表我们自己也能够套用这样的成功模式。想想看，很多成功的商店经营成功之后，就会开放加盟连锁，让别人也能依循自己的成功模式同样获得成功，但是加盟商真的百分之百也跟着成功了吗？看看下面的故事，我们就知道复制不是一件"简单的事"。复制成功不容易，复制思想（就是学习）

也不简单。

我家隔壁的巷子，短短的五百米，曾经在两年内，巷头、巷中、巷尾，分别开了三家同一个招牌的便利商店。两年后，最后一家开张的便利商店还在，另外两家早就关门倒闭了。便利商店加盟传授的经营方法一定相同，不同的是加盟者本身的条件，这决定了加盟者能不能顺利长期地经营下去。把这个放到学习中来看，学习者本身最关键的条件就是逻辑力。

所以当我们面临失败时，我们就会知道原来我们误解了正确的方法。但在我们学习效果不好时，我们就应该知道，原来我们一直往错的方向努力。不管是事情或思想，一定都有先后顺序。只要想清楚彼此之间的关连性，就已踏出思考的第一步。

曾经有一位穷光蛋努力地思索为什么我会贫困？是因为我的财务状况有问题，如果财务没有问题，那我就不会这么穷。为什么我的财务状况有问题？那是因为我没有很多财产，工作收入也不多，没办法存下什么钱，所以财务状况有问题。我为什么会又没有钱，又没有财产呢？原来就是因为我穷。

很多人常常被自己的非逻辑思考给耍得团团转，而找不出纠结的线头，陷入思考困境。我们的任何学习都一样，老师所说的话或书本所写的内容，大家接收的信息都一样，但是听进每个人的脑中，理解的程度就不同，所得到的成效当然就有所不同。好的学习成果，根基在于好的学习能力，向外求来的捷径，不一定适合我们使用。

苏格拉底被处决的前一晚上仍跟学生侃侃而谈，有一个学生对他说："老师，我不忍心看你被不公平地处决！"苏格拉底说："难道你忍心看我被公平地处决吗？追求真理！愚昧是罪恶的来源。"苏格拉底一生秉持独立思考，不断地去探究真理，并且在雅典街头上教导年轻后辈们如何思考。

有一天，狗、猫、兔子，在讨论做什么小生意。大家都想不出答案，于是请兔子到村庄里面去，问一问大家，看大家需要什么我们就卖什么。

于是兔子在原野上看到一个放牛的小孩，马上就问："小朋友呀，你最需要的东西是什么呢？"小孩说："我需要一支大苍蝇拍，苍蝇每天在我身边飞来飞去的实在很讨厌。"于是兔子记在心里就一蹦一跳地走了。

接着兔子看见农夫正在耕田，于是就过去问："农夫呀，你最需要的东西是什么？"农夫说："你看这些跟在我身边的苍蝇，我最需要一支赶走苍蝇的拍子。"于是兔子记在心里一蹦一跳地走了。

这一次看见水牛泡在水里，兔子问他需要什么，水牛一样回答："我想要一支打苍蝇的拍子。"然后兔子向猫跟狗报告说：“动物们最想要打苍蝇的拍子。”于是他们买了一大批苍蝇拍子。你猜他们生意会怎么样呢？

请问兔子的推理有没有错？如果有错，就是错在市场调查。他调查的对象全部都是跟“牛”相关的类别。因此推理出所有的动物都需要——苍蝇拍子。

所以在接收关于访问调查等信息的时候，要非常小心调查对象的全面性。

请想想看，下面的推理哪一个是错的？

一、调查台北市一百名小学生，发现有七十个学生，放学后不会马上回家，会先到补习班去写功课，因此在台湾，约有七成的小孩父母没有陪小孩写作业。

二、根据在火车站所做的通勤族调查，超过一半的民众，希望能够加开更多的班次，因此，铁路局最首要的工作应该是买更多的火车车厢。

三、根据电话访问，一千名受访者中有八百四十四名，觉得政府不需要补助他们的感冒医疗费，于是，在台湾因感冒而无钱就医问题，可以说是不存在。

以上三个都是错误的。第一个是错在以台北市的调查，作为全台湾地区的依据是不合理的，因为调查的对象全部集中在台北市。第二个是错在以上班族的调查，来推算假日出游的民众需求。第三个是错在家中有电话的人，表示经济能力有基本水平，感冒这种小问题，医药费本来就不高，他们都可以支付。但是家中没电话的人呢?

孔子曰："学而不思则惘。"提升我们自己的逻辑能力，才能确保我们接收到的内容是老师所要给予我们的内容，我们也能将所学的知识转化为可运用的具体行为。如果我们本身的逻辑理解度不够，就像上面的故事一样，再怎样努力思考或用功，还是达不到我们的目标——运用所学知识。

所有眼睛、耳朵所接受的外在学习内容都是资料，资料进入脑中经由逻辑理解做出比较、分析、整理、归纳，才会变成知识，知识需要经由使用、运用、转化才会累积成智慧。

阅读跟逻辑力之间是互为因果的关系，逻辑力强的人，理解力就高，自然阅读吸收会比较好。大量的阅读并且比较相同主题之间的差异性，可以提升我们的逻辑理解力。本书将从增强逻辑力的角度，用一些游戏帮助各位练习理性的思考。

一笔画

从前有一个年轻人在练习射箭，不过射出去的箭，都没正中靶心。年轻人天天努力继续射箭，还是没有射中靶心。突然他想到了一个方法，就是只要在射出的箭旁边，画上箭靶，这样看起来就像射中靶心一样。

年轻人想到这个方法相当得意，觉得应该要有一幅射箭英姿画像才是。于是他要求一位老画家帮他画肖像。画家认真地画画，过一会儿画家站起来走到年轻人面前，很用力地将年轻人的衣服钮子扯掉。

“好啦！这样子就跟我画的是一样了。”画家回座位继续作画，过了一会儿，又走到年轻人面前，拿着剪刀把年轻人的裤管剪掉一大段。

“好啦！这样就又跟我画的一样了。”画家微微笑继续画画，突然画家跳了起来，“唉呀！我忘了画耳朵了。”

年轻人听到这句话，马上吓得脸色发白，捂住自己的耳朵夺门而出。

所以当我们面临失败时，我们就会知道原来我们错解了正确方法。但我们学习效果不好时，我们就会知道原来我们一直没有抓到重点。

不管事情或思想，一定都有先后顺序，想清楚彼此之间的关连性，就已经踏出思考的第一步。

瑞士数学家欧拉，发现下列图形可以一笔完成，可以从任意一点开始，再回到同一点。

请你沿着图中的线条进行，但不能重复。

题目

【解答见 161–162】

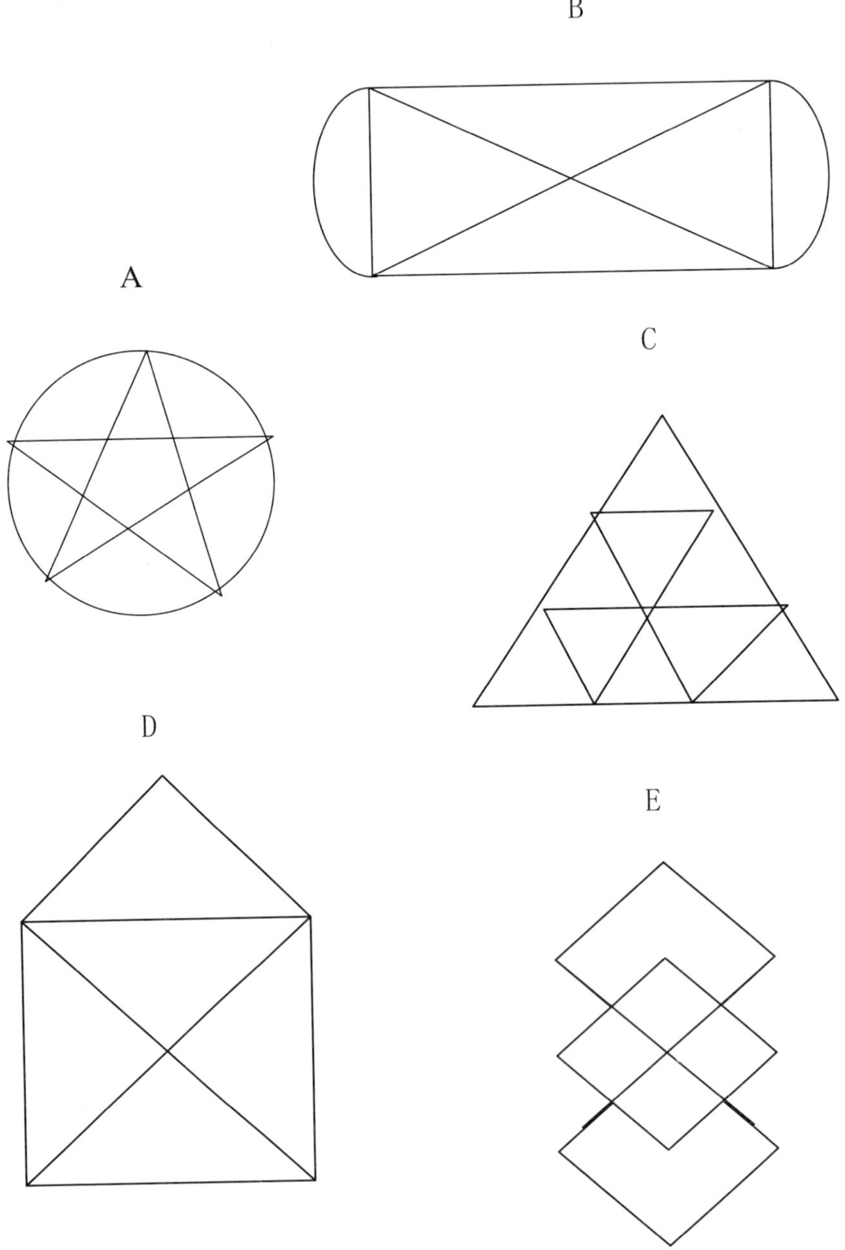

连连看

请在框线内将相同的数字用线连接起来，线条不可相交。

【参考解答见 161 页】

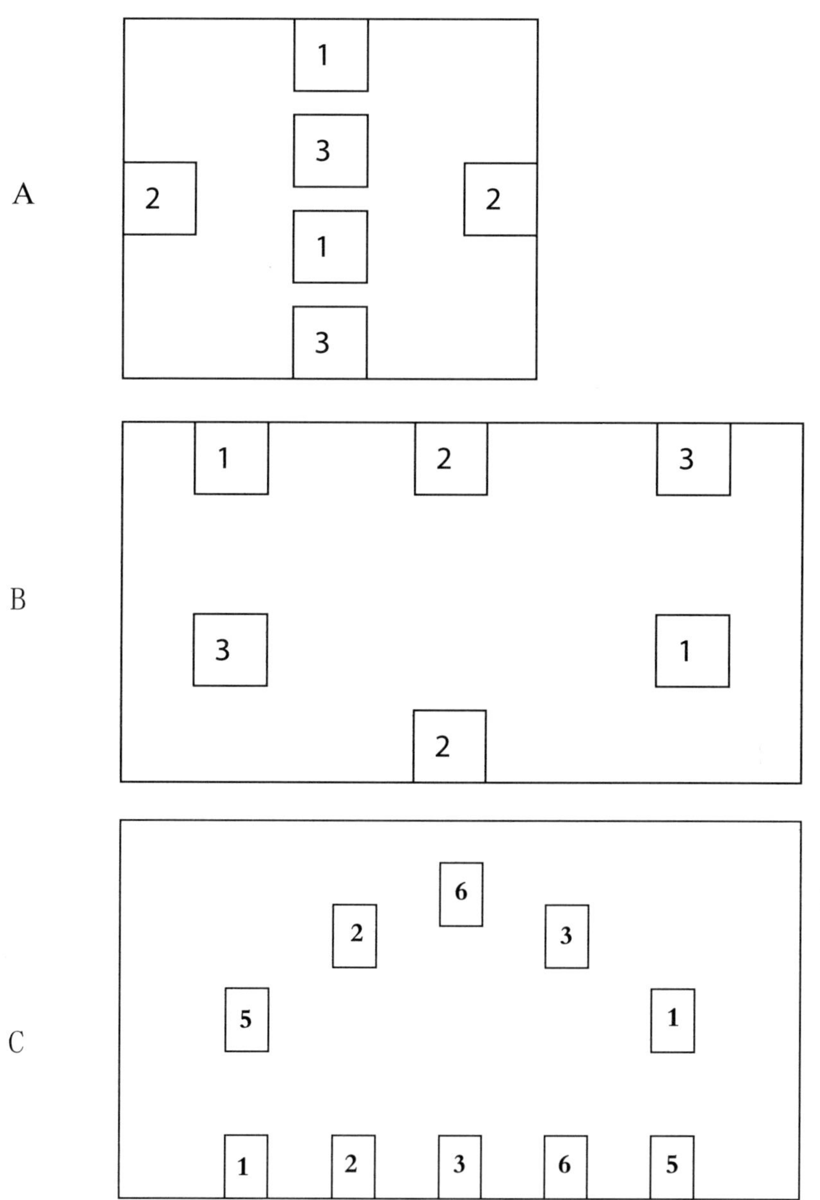

排列游戏

成长的过程中，排列游戏是很重要的一种逻辑及空间训练，现在就请想想下面的题目该如何解题。

【参考解答见 162 页】

题目一

有十枚硬币排列成十字架的形状，横向硬币数目跟直向硬币数目总和都是一样的，该如何排列？

题目二

十八根火柴排列成十三个等边三角形，请你取走四根，使之成为六个等边三角形。

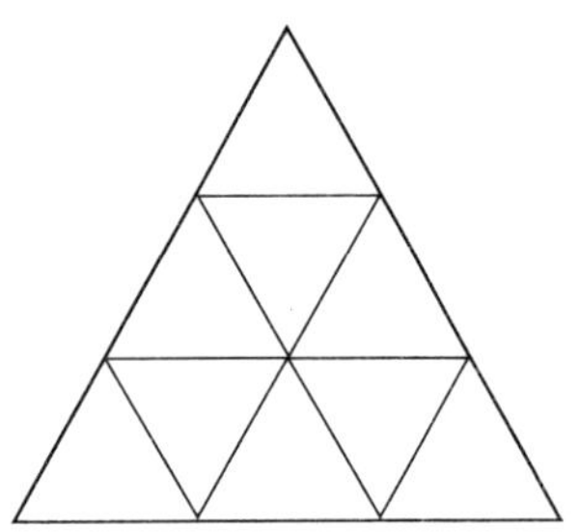

题目三

同上题，请你取走四根，使之成为五个等边三角形。

题目四

六个长方形的积木，每个积木皆跟两个积木接触，请问怎么排？（排法不只一种）

数字游戏

在生活中我们无时无刻不在使用着逻辑力，只是我们没有察觉到而已。最常见的将数学用在生活上的例子，如切蛋糕或切 PIZZA。请你用刀子将下面的 PIZZA 平均分配，让每一片 PIZZA 上都有一片火腿。

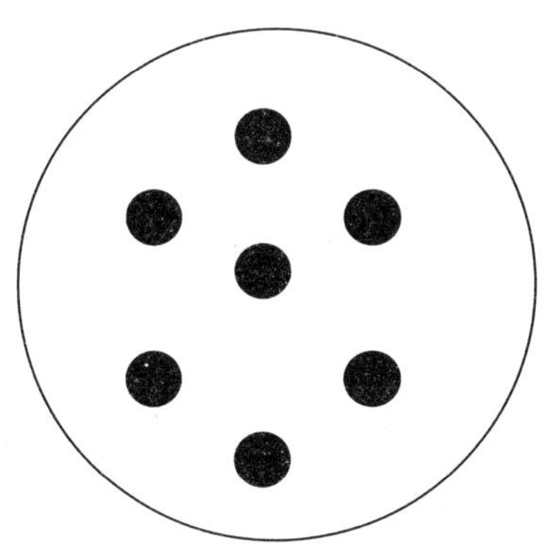

【参考解答见 163 页】

右图白圈部分代表小孩，黑点部分是柱子所在地，用来连接墙壁使用的，如果每个小孩都想要一人拥有一个房间，请你帮忙实现，但是只能建造三面墙壁。

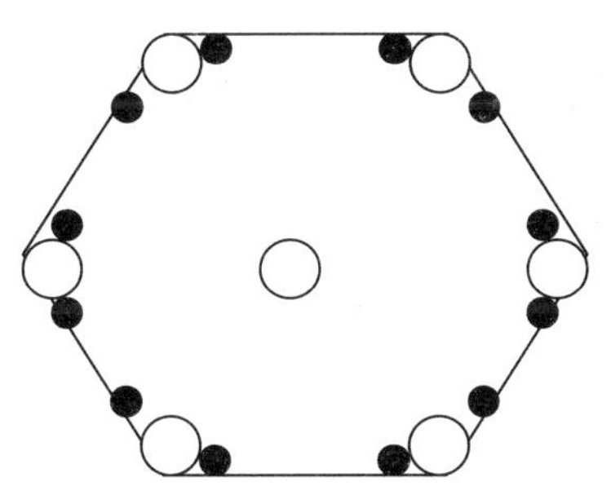

【参考解答见 163 页】

数学是逻辑的表现，过去教学经验中遇到很多小朋友数学不好，常常不是真的数字运算不好，而是看不懂题目，不知从何下手作答。这种小朋友，常是对抽象文字的概念不足，因此无法理解题目的文意，或是无法将概念性的物件以符号来代表，家长只会看到小孩的数学不好，实际上有可能是语文理解部分还不够。这样的情形，再多的补习也帮助有限。数学越补洞越大，补到长大就是告诉自己一个简单的结论：我的数学就是不行，我没有数学细胞。

逻辑不一定跟数学相关，但是数学的演算需要纯逻辑的概念。

现在就让我们为头脑暖一下身，计算一下下面的题目吧！

练习一：

请在下列圆圈中，填入数字一至九，数字不可重复使用，让直线上的三个圆圈中的数字加起来总和都是十五。

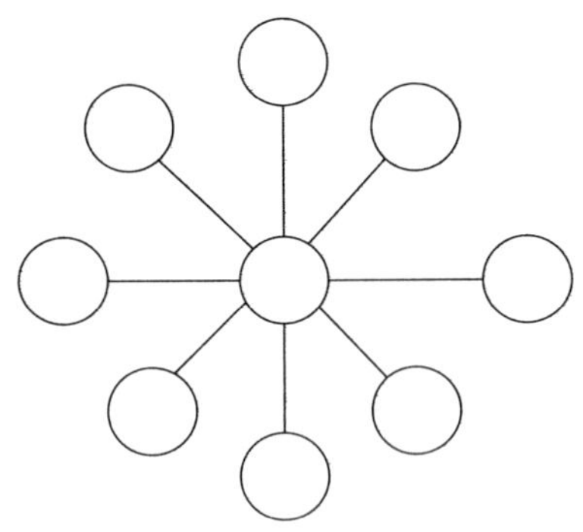

首先观察一下，注意到了吗？中间的数字不管填什么，任何一条直线两端的数字总和都是一样的。所以只要中间填入五，其他就是 1+9=2+8=3+7=4+6=10，答案就出来了。

这题只要先去分析一下每一条线的状况，就会知道周围的数字组合应该符合哪些规则，就可以解出。

练习二：

请在下列空格中，填入数字一至九，数字不可重复使用，让不管是横的、直的、斜的，三个空格中的数字加起来总和都是十五。

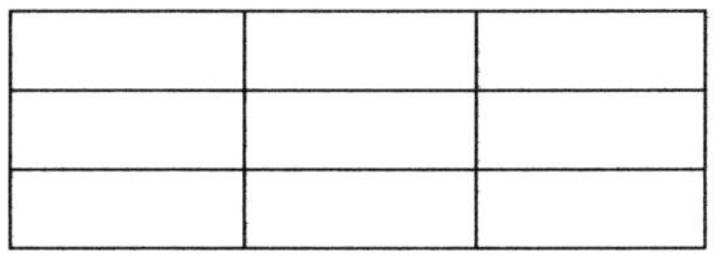

发现了吗？这一题跟上面那道题的解法都一样，只是排列的形式改变了。两个题目根本上是一样的。如果没有先分析一下马上就拿笔计算，就会被题目的外在形式所迷惑，而浪费时间重新再计算一次。

现在正式开始吧！

【下列题目解答见 163 页】

题目一

请在下列圆圈中，填入数字一至九，数字不可重复使用，让每一个方向上的四个圆圈中的数字加起来总和都是十七。

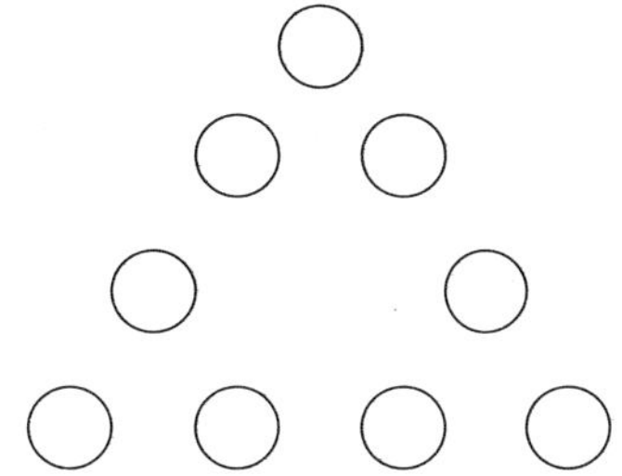

题目二

请在下列空格中，填入数字一至八，数字不可重复使用，也不可将连续的数字排在一起，也不可排入斜向的格子里。

例：不可以像这样排列→

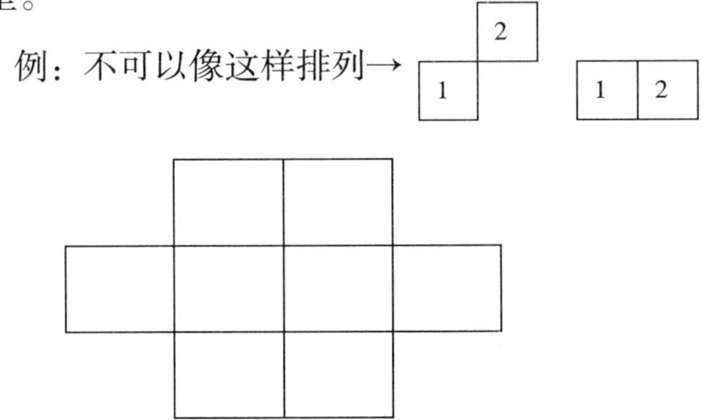

题目三

请在下列空格中，填入数字一至十二，数字不可重复使用，也不可将连续的数字排在一起，也不可排入斜向的格子里。

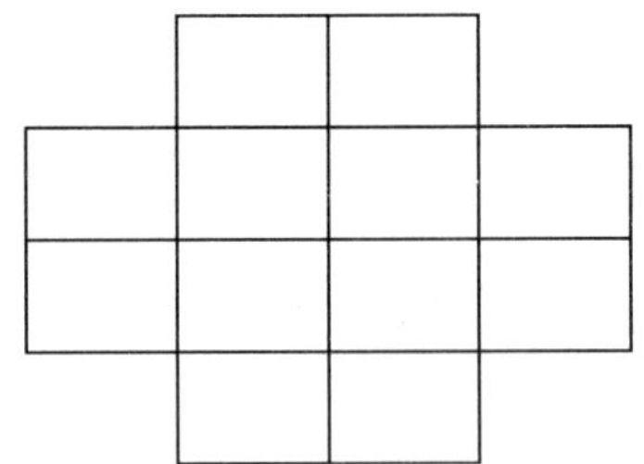

题目四

有两个烧杯，一个是三升，一个是五升，请使用这两个烧杯装出四升的水，应该怎么做？

侦探办案

1590 年，伽利略站在比萨斜塔上，一手拿着铁球，一手拿着木球，对地面上看热闹的人问：“猜哪个先落地？”下面许多人都笑着说：“当然是铁球啊！”一位老学者大笑：“两千多年前亚里士多德说过的，重的东西比轻的东西落得快。”大家都笑伽利略是个傻瓜，连这么简单的道理都不懂。

于是伽利略将手上的铁球及木球同时放开，所有的人都愣住了，因为铁球和木球两个同时落地。伽利略证明了从众、崇拜权威、崇拜传统的思考习惯，也会使思考停止活动。

几千年来都没人怀疑过重的东西比轻的东西落得快。旧有的知识往往形成一道自信、偏见的篱笆，而让我们无法接受整个知识环境的新组合，形成一种僵硬的单一思考。

“大家都是这么说的”、“大家都是这么做的”、“从来没有人这样做”、“孔子也这么说过”，不动脑筋的人最常说这些话了。固化、僵化的头脑，即使是简单的问题，也会被自己的头脑限制住而找不出正确的答案。

现在就请你当侦探，请你以怀疑的眼光看待你所遇到的任何事物，让你的思考深度越来越锐利。想想看下列的答案会是什么？

【下列题目解答见 164 页】

题目一

你用力地丢出一颗球，不打到任何东西，球本身也没碰上任何物品，可是球却直直地往你的背后飞过来，请问你是怎么丢球的?

题目二

有两对兄弟，分别是 A、B、C、D 四个人，其中一对兄弟总是说真话，另一对兄弟总是说谎话。A：“D 是我的兄弟。”B：“C 总是只说实话。”C：“D 是我的兄弟。”D：“A 说的是实话。”请问哪两个是真话兄弟？哪两个是谎话兄弟?

题目三

老人院中专收五十五岁以上的老人。A 说：“我的年龄是五加五次。”B 说：“我的年龄是五加四次再减一次。”请问两个老人分别是几岁？

题目四

探险家到南极探险，在正南极的地方插上了美国的旗子，请问他要回美国应该往哪个方向走?

题目五

小华一家人要去东方的海边玩，为什么爸爸将车头朝西开，却还是可以到达东方海边呢？

题目六

在北极发现一种背上有“峰”的动物是什么？

题目七

下大雪的天气，登山者被困在山上的木屋中，火柴只剩下一根，屋子中还有纸、书、蜡烛、木柴，请问应该先将哪一种东西点火？

题目八

一个皇帝最喜欢的太监犯了大错，于是皇帝让太监自己选一种死法，请问太监要怎么选择才不会立刻被处死？

题目九

请回答下列问题是对还是错？请马上回答，不可以偷看或做实验。

1. 没有一张纸可对折超过七次

2. 珍珠在醋中会溶化。

3. 如果一个月中，第一天是星期日，那个月便出现黑色星期五。

4.1111111 × 1111111 = 1234567654321

题目十

有五串贡丸，请让排列变成一串有贡丸一串没有贡丸的排列，但是你只能移动一串，请问该怎么做?

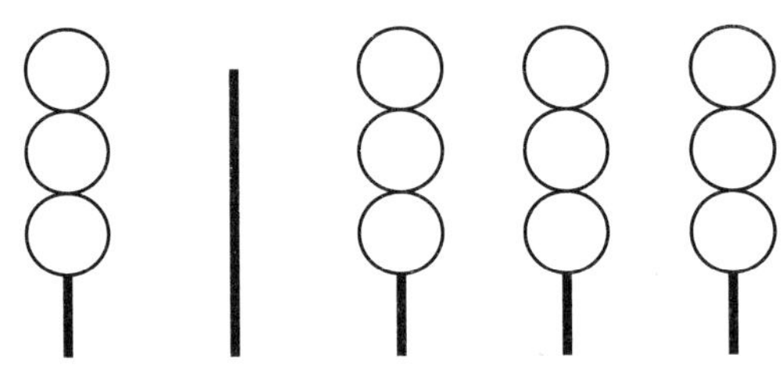

题目十一

有十二个箱子排成三排，分别有两种颜色，只可以推动其中一排一次，箱子不能离开地面，将之排成一排全黑、一排全白、一排全黑的排列方式。

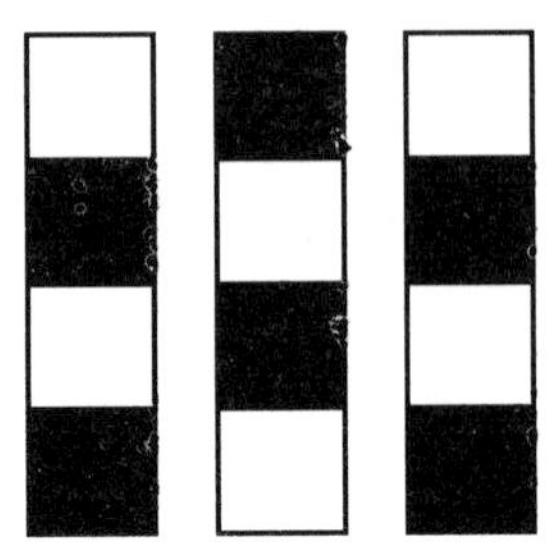

题目十二

有帽子、手套、上衣、长裤，要装进下列的礼盒中，请问要怎样装才能让每一排直的、横的格子都刚好有帽子、手套、上衣、长裤？

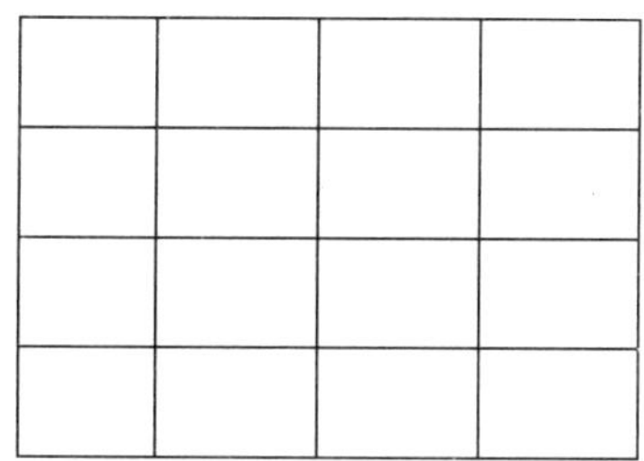

报纸标题

标题：我的失败借你！

有一次上课，老师说得口沫横飞。

老师说："在我人生的字典里，没有'失败'这两个字。"突然，底下传来羞怯的声音。

学生说："老师，我的借你。"

打开报纸，只要你的眼睛把所有头条标题看过一遍，今天的重要事项，你大概就掌握了八成。

去芜存菁的能力，跟每个人的逻辑力有很大的关系，浓缩后的文字还必须让人看得懂，更要能还原其大意内容才行。

现在就让我们做这样的练习，请你看完下面短文后，将大意内容浓缩成一句话，作为短文的标题。

标题一 ________________________

三个男人正在酒吧中讨论他们买给自己老婆的礼物。

第一个男人说："我买了一个可以在六秒内从 0 到 100 的东西"。另两个男人不知道他指的是什么，所以他揭露答案："我给我老婆买了一台相当不错的保时捷。"

第二个男人也说："我买了个可以在四秒内从 0 到 100 的东西。""那一定是法拉利，对吧？""答对了！我给我老婆买了一台相当棒的红色法拉利。"

第三个男人开口说："我给我老婆买了一个可以在两秒内从 0 到 100 的东西。""不可能的！法拉利是世界上最快的车了！"

"嗯……那不是一台车啦……那是……体重计。"

标题二 ________________________

一户农家明天杀鸡，晚上喂鸡时说："快吃吧，这是你最后一顿！"

第二天见鸡已躺平并留遗书："我已吃老鼠药，你们也别想吃我，我也不是好惹的！"

标题三 ________________

甲："为什么母鸡的腿这么短？"

乙："笨蛋！如果母鸡的腿长了，那么下蛋时，蛋不就全部摔破了吗?!"

标题四 ________________

一天，人事部的张主任调到别的部门去了，他的一位朋友打电话找他。"请问张主任在吗？"

"很抱歉！他已经不在人事了！"

朋友说："什么！这是什么时候的事？前天我才刚刚跟他通过电话的，怎么就不在人世了呢？"

标题五 ________________

非常不景气的一年，劳动节将至，公司照例发放资深员工礼品。

阿水："喂！你的奖品是什么？"

林仔：“一台电子锅。”

阿水：“哇哈！那是叫你回去吃自己啰！”

林仔：“那你拿什么啊？”

阿水：“电扇呀！”

林仔：“哦~那就是叫你哪边凉快哪边去啰！”

标题六

有位妈妈骑摩托车背着一个小孩，前面还载一个大一点的小孩，在一个路口被警察拦了下来。

警察说：“这位太太，小孩没带安全帽也就算了，你怎么自已也不戴？这样不对吧！”

妈妈：“小孩这么小根本就买不到安全帽啦！”

警察：“那么，你自己也应该要戴啊！”

妈妈：“我戴干嘛？万一小孩出了什么事，我也不想活了！”

标题七

甲妇：“如果你的老公有外遇，你会怎么样？”

乙妇：“我会睁一只眼，闭一只眼。”

甲妇：“喔！你这么大方！”

乙妇："不，我是要用枪瞄准他。"

标题八

一对情侣在路上飙着车……

女："你骑那么快，我好害怕喔！"

男："别怕！来，跟我一样把眼睛闭起来就不怕啰！"

标题九

一年级的老师教小朋友认识家禽动物。

老师："有一种动物两只脚，每天早上太阳公公出来时，它都会叫你起床，而且叫到你起床为止，是哪一种动物？

小朋友："妈妈！"

标题十

新兵训练中心，班长教士兵投手榴弹，班长说："手榴弹投出去后，一定要马上卧倒。如果不卧倒，你们应该知道会怎样吧？"

"班长会骂！"新兵齐声说。

135 页解答

BC 的线段比 AB 线段长

当我们无法用测量的方式去查明正确答案时，我们就无法很快速回答问题，就会开始去思考，如果思考没有结果时，

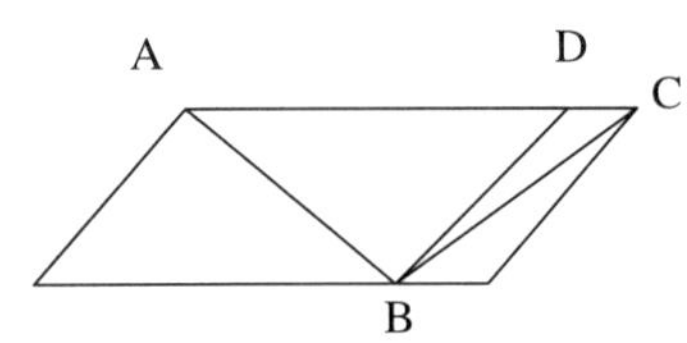

我们大多会用感觉去猜答案，因此大多数人都会回答 AB 线段比较长。实际上因为是平行四边形，所以 AB 线段跟 BD 线段一样长，三角形一定是斜边大于某一边，所以 BC 比 BD 长，用几何学来解题，就可以推算出 BC 比 AB 长。

137 页解答

算命先生的逻辑是，比出三根手指头可以代表三人全中、三人全落榜、1/3 的人上榜、1/3 的人落榜。如果是两个书生来问呢？那当然是伸出两根手指头！如果是一个人来问，自然就是一根手指头，不管怎么样，算命先生都有一套说法。

144 页解答

每一题皆有多种解答方法。

答案 A

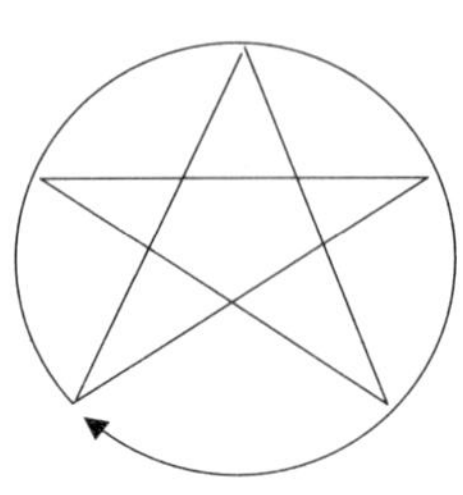

答案 B

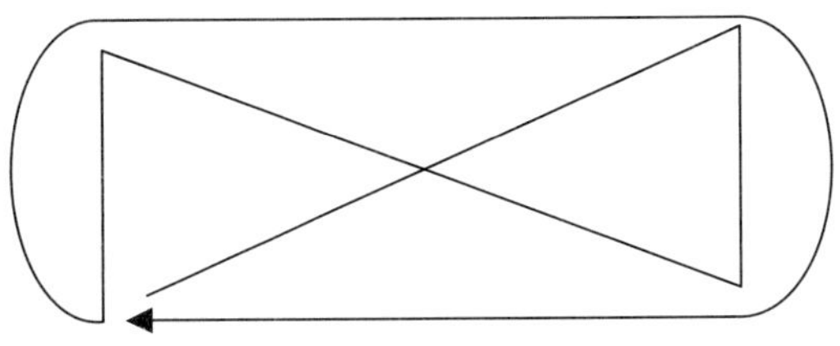

答案 C

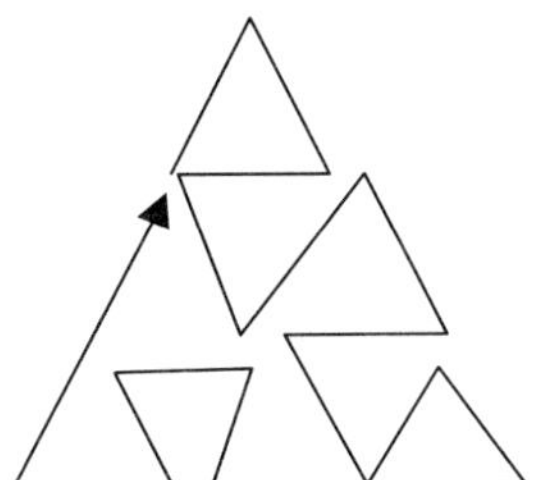

答案 D

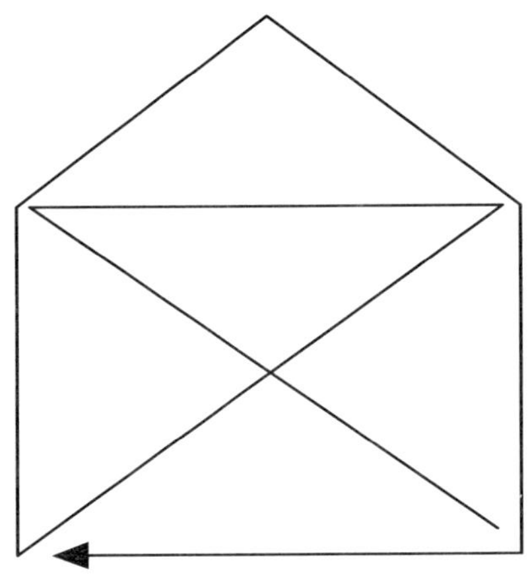

答案 E

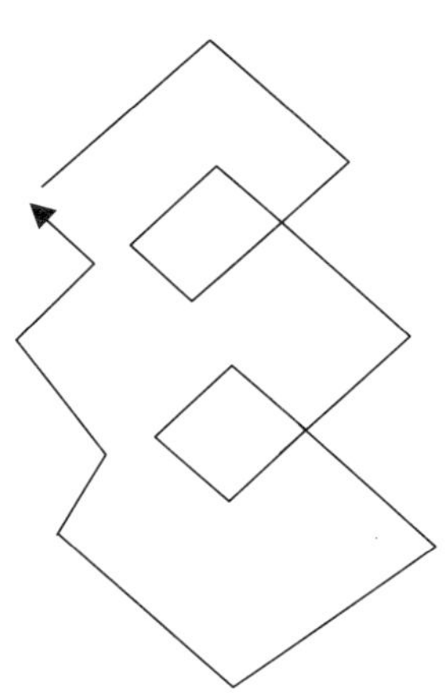

145 页连连看解答

答案 A

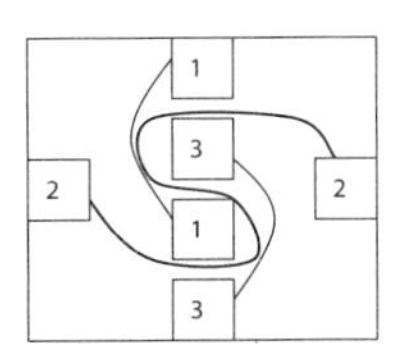

答案 B

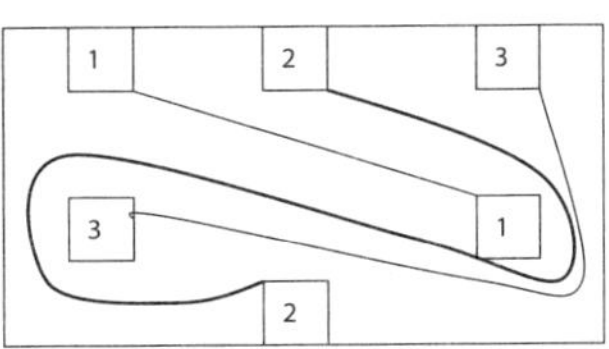

答案 C

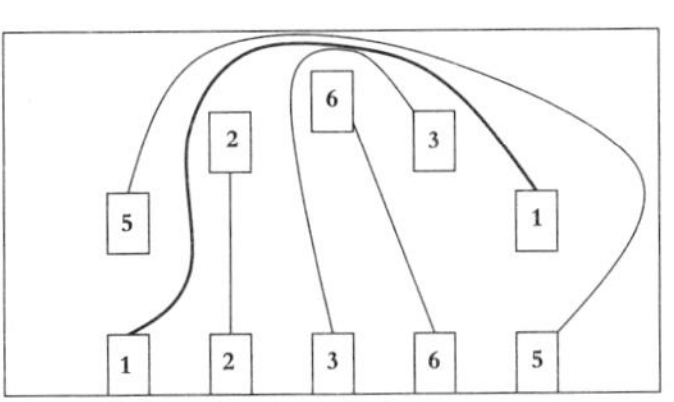

146 页排列游戏解答

答案一

（将第十个硬币置于中间位置，

中间重叠）

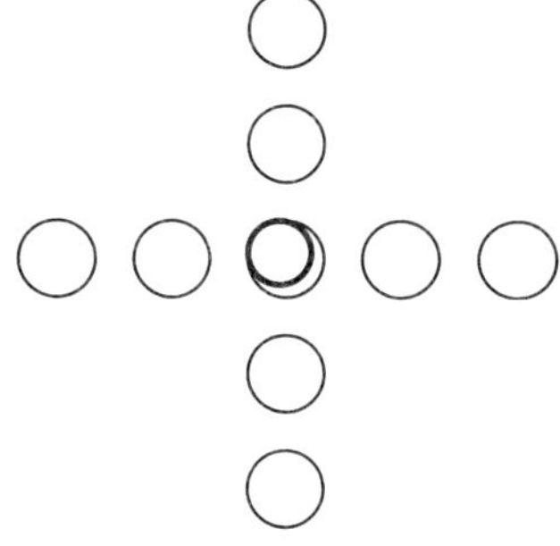

答案二

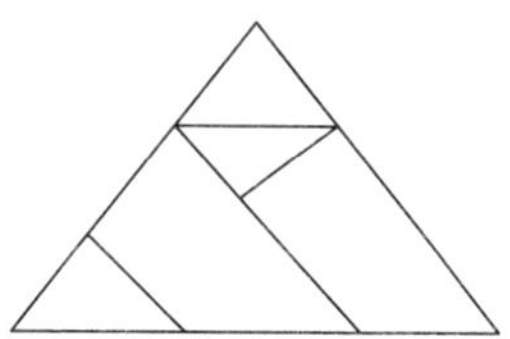

答案三

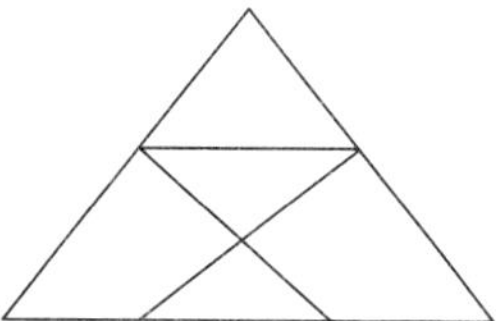

答案四

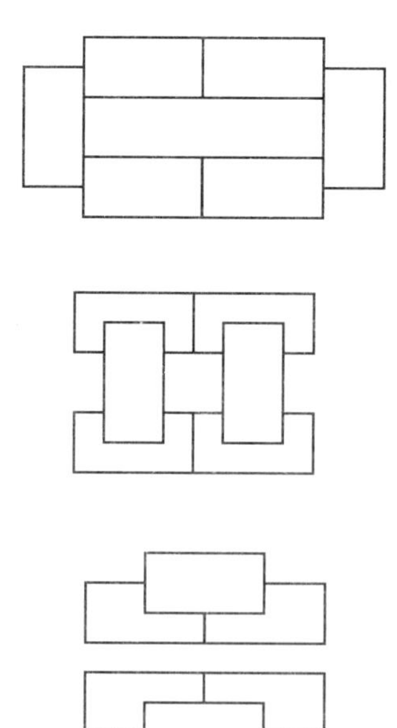

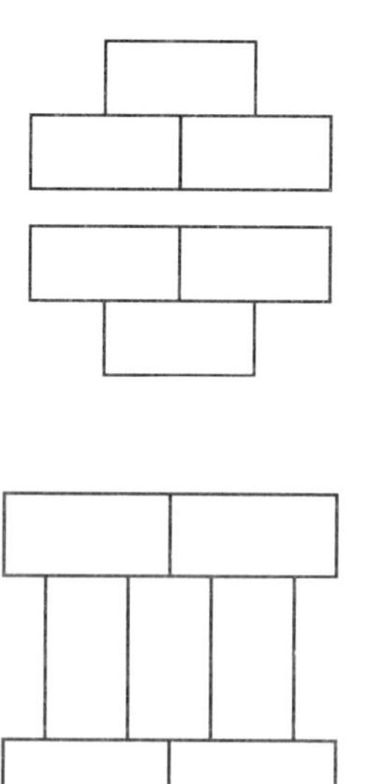

147 页数字游戏解答

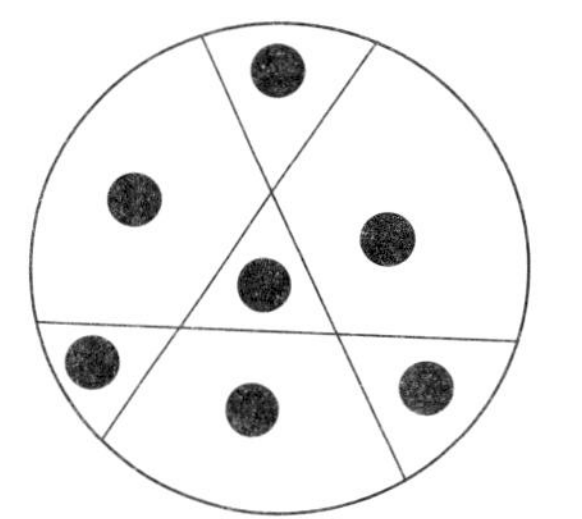

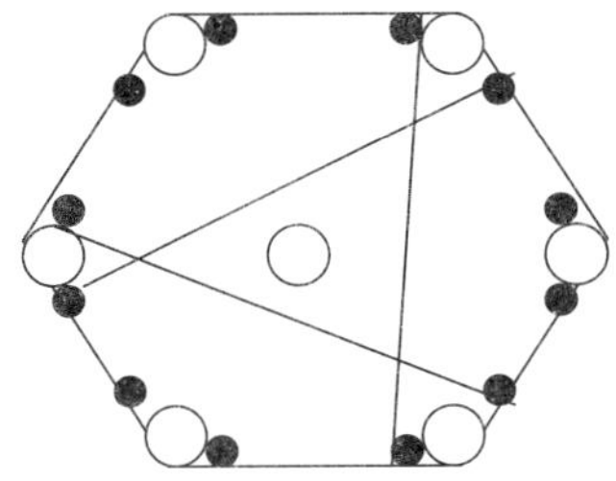

149–150 页数字游戏解答

答案一

1

4 8

9 6

3 5 7 2

答案二

	3	5	
7	1	8	2
	4	6	

答案三

	12	9	
8	1	7	5
3	11	4	10
	6	2	

答案四

1. 先把装五升烧杯装满水，然后倒入三升的烧杯中，五升烧杯中就剩两升的水。

2. 然后再将三升烧杯里的水倒掉，把五升烧杯剩下的两升的水倒入三升的烧杯中，现在三升的烧杯中有二升的水。

3. 再将五升烧杯装满水，然后再倒入三升的烧杯中，由于三升烧杯中已经有两升的水了，所以只能再倒入一升的水，因此五升烧杯中的水就刚好是四升。

你答对了吗?

155-155 页数字游戏解答

答案一：往天空丢。

答案二：A、D 是实话兄弟，B、C 是谎话兄弟。

答案三：A 老人：55+5+5+5=70 岁

B 老人：55+5+5-5=60 岁

答案四：因为在正南极之处，不管面向何方，指南针都是指针朝北，所以只要往当初来的方向走就对了。

答案五：因为车头朝西地后退开车。

答案六：迷路的骆驼。

答案七：火柴。

答案八：选择“老死”。

答案九：以上全对。

答案十：直接吃光右边倒数第二串。

答案十一：

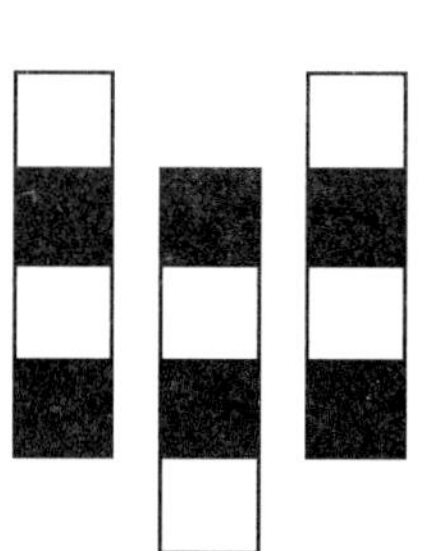

答案十二：（答案不只两种）

帽子	手套	上衣	长裤
上衣	帽子	长裤	手套
手套	长裤	帽子	上衣
长裤	上衣	手套	帽子

帽子	手套	上衣	长裤
上衣	长裤	帽子	手套
长裤	上衣	手套	帽子
手套	帽子	长裤	上衣

学习力的本质：专注力

时间是上午十点钟，小王是一个研发人员，坐在会议室中的老板正在长篇大论，秘书拼命地写着会议纪录，左边的小刘已经开始画着漫画打发时间，右边的晓莉偷偷地写着明天要送给客人的企划书，经理还是睁大着眼睛对着老板猛点头。小王正在想应该怎样打瞌睡才不会被老板发现，今天没有带便当，中午跟小郑一起去吃饭好了。反正这种每周一次的会议，只是要让老板了解我们在做什么，等一下由经理报告就行了。看了一下手表，已经过了三十分钟。

许多上班族只要讲到开会，绝对是能闪就闪，这么讨厌开会的原因，绝大多数并不是像打油诗所说的："会而不议，议而不决，决而不行，行而不果"。而是开会时，讨论的事情通常感觉好像跟自己没有多大关系，而且工作上的困难，通常不是靠大家聚在一起开会就能解决的。困难的问题通常是在执行的过程中，经由不断的交涉过程，双方激荡出解决方法而完成工作目标。

现在将场景拉到教室里。王小弟坐在教室里，台上老师讲得口沫横飞，班长还是一样认真拼命地做着笔记，左边的小陈偷偷地看桌子下的漫画书，右边的曼玲还在写下一堂课要交的作业，偷偷看了一下死党毛毛，两个眼睛张得大大的，但已经呈现呆滞状态。王小弟脑中想的是昨天在线游戏玩得太晚了，应该要怎样偷偷打瞌睡才不会被老师发现，对了，今天午餐不知要吃什么，每天都吃学校的餐厅有点腻了，等一下找毛毛一起去校外吃饭好了。看了一下手表，已经过了三十分钟了，再二十分钟就可以下课啰。

相信很多人都是这样，虽然知道现在应该要做什么事，但是心思不由自主地就会飘到其他地方去，等回过神后，时间也过去了。

专心是一种习惯。大人总说小孩子体力旺盛，怎样玩都不觉得累，许多老师对那种上课不会乖乖坐着的小孩也头痛不已。其实每个人天生喜好不同，当然注意力就会放在不同的事物上。就像小型狗多数天生就较活泼，大型狗天生就较沉稳一样，个性不同表现当然就不一样。

对专心有困难的人并不表示不专心，只不过专心的时间不够长，或许是该专心的时候不能专心，或是被他人打断之后，就无法再专心。

但是将注意力放在不对的时间或不对的事物上，不仅在学习上造成负面影响，在日常生活中造成的影响更大。

男女生逛街就是一个最明显的例子，女人试穿新衣服时，通常就是男人恶梦的开始。在一般男生眼中，不过是衣服嘛！上次那件也很好看呀！何必又要买新的？在女人眼中，上次那件是波西米亚风格，再怎么好看也都过时了，总要再换一件跟得上潮流的风格。

而大人跟小孩对学习的看法也是不一样，小孩的想法通常是，课本那么多，考试那么多，念也念不完，念这些东西也没什么意义，大人都说成绩跟我的未来有关，但是新闻又说许多高学历者找不到工作，我觉得成绩跟我的未来一点关系都没有，现在还是我的偶像比较重要。

如果没有明确地指出目标，怎会达到目标呢？有一个笑话，说一个白人在沙漠中快死的时候，向上帝许了愿望：第一，希望下辈子天天有水喝；第二，肤色继续白色的；第三，能天天看到女人的屁股。上帝答应了他，结果他投胎变成了马桶。

很多时候，我们对于为什么学习，要怎么学习，学习之后会带给我什么样的改变，都是模糊的，甚至是没有答案。

有一句话说：观念塑造态度；态度塑造行动；行动塑造个性；个性塑造命运；命运又塑造观念。对于学习没有专注力，这是行动上的表现，往上推究原因，态度上是潜意识中对学习没有热忱，再往上推，观念上是学习对我的未来没有直接的必要性。以上影响是环环相扣的，牵一发动全身，只要改变其中一环，其他也跟着改变。专注力就象是一片凸透镜一样，把纸拿到大太阳下晒再久，也不会烧起来，但加上一片凸透镜，对准焦点，不到十秒钟纸就烧了一个洞。

贝尔在实验室工作，不小心让硫酸溅到脚，痛得大叫：“快来呀！救命呀！”当时助手澳尔特从话筒另一端听到了，兴奋万分地说："贝尔，我听到了，太棒了！"这就是历史上第一句用电线传送的对话。贝尔听到对手的回答，高兴得忘了脚痛，疯狂地跑了出来。是什么让他不觉得痛？是因为疯狂追求目标，目标完成后所带来的喜悦胜过一切。

对事情高度专注的人，只思考一件对于我们最重要的事，做到除此之外，一切视而不见、听而不闻、漠不关心。其他的例子，还有，米开朗基罗工作起来一天只睡两三个小时，切割长靴子时甚至连脚都一起割下去了。牛顿做实验时，将手表当作鸡蛋放进锅里煮。黑格尔想问题，在同一个地方站了一整天也没发觉。爱因斯坦穿着睡衣逛大街。因为对目标有疯狂追求的动机（聚集焦点），所以这些人可以专注地工作，并很快地有所成就。

知识、理解、动机、解决问题都是起源于"为什么？"。所以我们先谈论为什么我不专心，再讨论如何专心。

现在请想一想关于听讲习惯的问题：

· 别人说话时，我的脑筋也跟着在动。

· 听别人说话超过三分钟，就开始分心，注意力涣散。

· 身体前倾，注视演讲者的姿态。

· 会替别人完成句子，并找到适当的字眼说明内容。

· 想象如果站在对方的立场，该怎样处理。

· 等对方讲完才评估说话内容的好或坏。

· 脑海中充满回应，要赶快写下来，不然马上就忘了。

· 把听过的内容再说一遍，以确定演讲者的意思。

· 试着想象对方所说的情境。

不管是在听讲或是阅读的时候，当你发现你的专注力不听使唤了，请记录下列内容：

（1）一天之中发生几次注意力不集中。

（2）一天之中哪些时候注意力不集中。

（3）注意力不集中的时间大约有多长。

（4）你有没有试着做什么事情去改善注意力不集中。

（5）通常在哪个地点发生。

我有一个学生，在记录后发觉他的注意力不集中状况如下：早上起床后，一直到办公室后一小时之间。下午二点～四点。晚上十一点～十二点，看晚间新闻时，还有妈妈跟他说话时！还有些学生发现，当他老婆跟他说小孩子的事情时，他也会出现注意力不集中的现象。这结果很有趣吧！一般生活作息的物理时间不见得符合我们的学习心理时间，一般来说共同的心理时间状况最差时，是出现在周一整天及周六上午。

专注力的养成，首先在于先建立学习态度。心态上要告诉自己，学了之后可以带给自己什么样的好处。我们也可以借着一些行为的调整来增强我们的专注力。当我们的注意力高度集中时，我们的身体会有下列情形产生：例如脑筋动得快，新陈代谢提升并且适度的紧张。

首先，请你随便找一本书，念出上面的文章，任何一个章节都可以，只要一个章节就好了，请你一定要念出声音，而且不可以中断或停顿，一直念下去就行了。

好，开始进行第一步！

或许你在“念书”时，眼睛只是机械式的移动，根本没有用心去读，读了几页过去了突然发现，刚刚自己都在胡思乱想。如果你是这种情况，那么，你在学习，但是没有集中注意力。你学习的时间越长，你浪费的时间就越多。

是刚刚的文章太复杂了吗？还是太深奥了？有很多字的意思不懂吗？

是不是精神不好，会不会是今天太累了？

文章太理论了吗？学到东西了吗？

问自己这些问题，你就会发现，到底问题是出在自己身上，还是文章上面。

第二步，问自己，刚刚在念文章之前，有没有想从书中获得什么？如果答案是 NO，那不想主动从别人的想法中获得什么，自然就会读不下去。比较多的情况，是我的学生都回答我说：我们常常要去念一些我们不得不念的书！所以本来就不是我们主动要去学的。

没错，我们一定会有一些我们觉得很无聊的东西要学，但是我们周围的人包括我们自己，不都是认为学了之后，一定会带给我们什么样的好处吗？请找出那些好处来，然后在你每次要学习前就先告诉自己。英国萧伯纳还没有成为有名的剧作家之前，规定自己每天要完成五百页的文章，并将此视为重要的工作。

假如现在要准备两项以上的学习，通常会选择看起来比较简单的先开始做，简单的事情完成之后，等于完成了一半的学习。不过有时候事情并不如我们的预期，一开始做了之后，才发现原本以为简单的事情，其实是需要花比预期还要多的时间去完成，这反而会造成我们在学习上的挫折感。所以准备学习的时候，我们不要以内容的难易度来决定执行的先后顺序，向萧伯纳学习，先完成自己认为最有意义的部分，而不考虑是不是困难的问题。这样的话，不管学习多么的艰难，也都可以集中精神。不管做任何事情只要确立目标（学习结果），就能提高学习意愿，顺利达成目标。

关于专注力有另外一项要先说明的是，如果不是做自己喜欢的事情，以我们未经训练前能达到全神贯注的时间，通常不超过十到二十分钟。以下就是一些练习方法，帮你将专注的时间拉长。

附注：

总体而言，有十一项原因会降低我们的专注力，只要克服这些因素，就能产生良好的专注力。

（1）缺乏兴趣或动机：不知为何要学习。

（2）拖延：把不喜欢的工作自动往后延期。

（3）目标或计划不清楚：如果不知道要先学好哪一项或阶段目标，大脑就不会下学习指令。

（4）事情过多：想要一次完成很多的目标，反而不知如何下手。

（5）健康不佳：疲倦。

（6）情绪影响：紧张或刚与人吵架后。

（7）悲观的想法：觉得自己一定学不会。

（8）被打扰：噪音、电话、周围走动的人

（9）缺乏训练：专心是一种技巧、习惯。年纪大的人常会忘记东西在哪里，不能持久的专注。研究结果显示，老年人难以集中专注力，不是不能专心，也不是头脑生理机能退化，而是缺少专心的训练或习惯。

（10）习惯不专心：很多人行程排得满满的，经常同时进行好几件事，以为这就是效率的表现。其实这种方式会养成不专心的习惯，当需要专心时，脑袋反而自动转了起来，一大堆的思绪就会涌入脑中造成混乱。

（11）觉得要专心很难："觉得必须专心"是不能够专心的，要"想专心"才行，说服自己现在要专心。

三分钟训练

容易心神不定、精神涣散的人，因为注意力无法做长时间的集中，不妨把重心放在利用零碎的时间上，好好地训练自己。仔细检讨一下，在生活之中要拨出三到五分钟的零碎时间，其实是相当简单的。等车、等人、等洗澡水、等烧开水、等上菜、等计算机开机、等演讲开始……这些零碎的时间不一定都能利用，但是却是训练专注力的好时机。每次背一个英文单字，不断地重复练习这种短时间的专注力，渐渐地就会养成习惯，自然而然在该学习的时候，就能达到精神集中的效果。

每天花三分钟，做一道下面的练习，这个练习可以整合我们之前所说的观察力、创造力。首先依照下面的引导说明，将描述的情形在脑海中想象出来，越详细越好，而且你脑中所想的图形必须是有颜色的，要能感觉到这个东西就像真的在你面前出现那样地清晰。直到每一个细节都清楚了，就可以睁开眼睛。

刚开始时，如果你不确定脑中画面是不是够清晰，你可以试着将脑中所建构的画面画出来，如此可以帮助你有更清晰的想象力，画得不好没关系，不会有其他人看到的，别忘了加上颜色。

题目一

铅笔插在馒头上，然后馒头飘在大海上

（要你看到铅笔插进馒头后，有一些馒头屑屑掉在旁边，海浪一波波的，馒头在海中载浮载沉的样子，泡到水的部分，跟没有泡到水的部分，馒头的外观呈现应该是不一样的喔！顺便问一句，你的铅笔是什么颜色的呢？）

题目二

白鹅围着围巾，身上套着游泳圈在池塘中玩水

（游泳圈是什么颜色？天气如何？）

题目三

用刀子把耳朵穿一个洞，然后挂上钻石耳环

（血流出来了吗？钻石是单颗的，还是小碎钻？）

题目四

蚂蚁坐帆船要偷渡来台湾

（船身跟帆的颜色是怎样的？蚂蚁的颜色是哪一种？天气如何？是在白天还是晚上？）

题目五

房子着火了，有小偷趁机进去偷东西

（有没有消防队员已经在灭火了？）

题目六

西瓜请冬瓜抽烟斗

（用拟人化的方式将西瓜和冬瓜变成人的动作。）

题目七

一艘走私船上满满都是太阳眼镜

题目八

坐热汽球到夏威夷去

（有几个人坐在热汽球上？热汽球的图案是什么？）

题目九

棒球全垒打之后全场欢呼

在想象画面的过程中，如果分心了，没关系，把注意力再拉回来就好。当注意力没办法集中时，脑中的信息是纷纷扰扰的，因此借此将焦点放在画面的想象上，可以让我们快速集中注意焦点。

数数法、倒数法

计算是我们左脑的功能，左脑的功能有一项特性就是一定要一步步按照步骤来，绝不能颠倒或是跳过其中某一项步骤，不然就乱掉了。因此我们可以善用这项特性，训练我们的注意力在五分钟之内集中。

从一开始数数，按照顺序，但是我们要在心中默念出数字，在心中念出的数字要间隔两个数字。也就是默念出 1、4、7、10、13、16、19、22、25、28……一直数到 100 停止。如果中间数错了，表示专注力分散了，请重头再数一次。

如果你对于间隔两个数字的计算很熟练了，请做间隔三个数字的运算。1、5、9、13、17、21、25、29、33……一直数到 100 停止。

这个练习平时就可以做，不一定要坐在书桌前才做。可利用一些生活上的零碎时间，慢慢地练习，熟练之后当你需要时，就可以快速地集中注意力。

如果数数字你已经相当熟练了，请开始练习由 100 往回数，一样依据间隔两个数字或三个数字倒数回到 1。或是将英文字母倒过来数，由 Z 数到 A。

听时钟的声音

专心听时钟的嘀嗒声，脑中不想任何事情，专心地跟着数一至十秒，第二天数十五秒，每天增加五秒来练习。只要脑中出现其他的念头，就重头再数一次。只要一天完整地数过一次即可。

凝视法

每天找一件小东西盯着看，直到眼睛觉得酸或很烦时，闭上眼睛回想颜色、装饰、重量、大小、长短等外在的条件。每天换一样东西，你会发现对事情专注的时间会越来越长。

侦探之眼第一集

这个方式跟数数法一样，适合作为刚开始时短时间的训练。每一道题目都有两个英文字母随机组合的字符串，你必须在下一行中将它圈出来。每一道题目限时十秒钟。每次练习请连做两题。

举例：PWER， TGBC

Rkjfifuhlkjglsjhfnlkjglpqn pwer skzhowskdjhfiwclqazvkuwornk tgbc jdnfiheiqpme

题目一

RCVB，WEXM

Peijfoewhnkgjbigyejfnvdofjfnvlrcvblwjepwznifkmfhunbfwexmpqiuryetrhvgyfgrnxnvb

题目二

ITNV，QMZO

Iauhriwhefikjahrelgiueheloqkhifreoiuhfvojhvlitnvowjeofwqpuqmzoowejfpqknzduhvou

题目三

OCMZ，DJKG

Kajndiqholdjkgkajnodqqpriuyhuwetyhbzxnvkjminusygfisygiaocmziqhueytrihtkrhvhdv

题目四

INRD，EIOW

Qlowoiulsdncksbxihfidhgdiyhgiuhiuhpquipeuiororytuoyiuhkusinrdkwhsefiwuheiowmz

题目五

IJKL，MNOP

Kshgfikahouijklhjseieirhaeiiuehojlekqpoeirueiiwutryutiyuihhzkmnopqpeoiureurhfkjzvsi

题目六

QCOQ，PBDQ

Pqorioepwgujtoupqcolifjoweiropbdqoieopipcoifiiookdoqeu oqcoqewoiuroeuhfjnvlsnlpco

侦探之眼第二集

每一道题目都有两个数字随机组合的字符串，你必须在下一行中将它圈出来。每一道题目限时十秒钟。每次练习请连做两题。

题目一

1787，9839

1237984798750861897981787243548983847983957467826 94173947387498734091 8

题目二

8920，6547

1237947632649878747949183789208479316497139487197498749728436547665 47

题目三

6487，2365

3446487257687562873493265476231548126471937621498323658574785676 9

题目四

7644，8733

463858254433368747359176444618754653658733847597969087498316497614 4

题目五

3648，0894

108430174931696874518690831080347065806764736481093808947675461874

题目六

3276，4664

146372616327676478635147124646563554644644765876287637591699144324 7

侦探之眼第三集

每一道题目都有两个英文字母随机组合的字符串，你必须在下一行中将它圈出来。但这次的排列顺序是倒过来的，请找出来。每一道题目限时十秒钟。每次练习请连做两题。

题目一

WEOT，WEHG

Ughrieuhfidh,jhvgahvkafdhifhtoewkjdfhgkjshvkjsghewkjhfi whoujfvhsikdhcakfdjod

题目二

OEFK，ODFF

Ffdojkrfohwrouhfoljwhofkffjhkwhfljshkkekdjkfeoskdjncikj wvlavlkasndlcsojcnvkjnovkfj

题目三

PFSD，XCVM

Skdhfiwheojfowuhfcoljsjmvcxiuhfiwuhofiqhoudsfpwieuhfi urwhkfjhwkjhfkdhkjkdh

题目四

OEUF，OSDV

Skdjhfuwhbjxhiwjdhnkfhjjadhckjhdifhakujhodjvdsofueokjc dsnkfjhwogujhokrwuhv

题目五

SOFK，POJX

Sdkfjhwiuhwofjoiqadhohvfldjhvkjfsnbkjg,xghkhbhvcxknkx jopbssokfosksdjhfouwe

题目六

PWEI，KROW

Joliwjfoiqejwfhuwjhvnkjdshhckjznhkjhckjdlcjhkdshvkjdhvhbfkjhvkfjdnhvworkiewp

侦探之眼第四集

每一道题目都有两个英文字母随机组合，你必须在下一行中将它圈出来。出现的次数不一定。每一道题目限时三十秒钟。每次练习请连做两题。

举例：OP，FH

[Op] hdkheidhewikhfkwhke [op] dewjhheuhiopekdj [fh] oo [op] ejdhowjo [fh] udsoodicozxid [op]

题目一

JL，GQ

Khsdfuidhvkjfehigqvuhekjfhsjlckjlskdjlfjwlopgdjvlifjvljfljvldjiqgkdjsgqilijdsdjljdnkduvsqp

题目二

RD，JH

Skdjhfouwehfojdofcjlsd jckjhfd.bjs.oijn goveijtnyviruts ba,

gkird,jbkagilj boqepughyixiush

WI，PW

Iudyiupwhsfuwoiwpoipiwiuoiruioprwpwiupiuncipiurpiufp wiiupwepwupurpwiptypiwjncpi

题目四

KK，HB

Ncknxvnxkhgkjsnkrjhvkjvakbkehtbakerhoqrhgkrhihbaufhb uhrikkshkxhwuifhwkdfva

题目五

KD，LS

Lskdjljflslfjdglkdfjdljlsdlhlkdhldakjhflsidejaldhfudehlkdjfls kadjhfljdahslafjhldkafikduadk

题目六

CK，MX

Cxnjvclkjlvkjkcmlskcjvkdnvlkcmlckvmxzkjvkcmvkjckvncj xcbcvznlckjvhclzkcmclkgfl

侦探之眼第五集

每一道题目都有三个数字或是三个英文字母随机组合，你必须在下一行中将它圈出来。每一题出现的次数有十次。每一道题目限时一分钟。

题目一

178

749137694117839498134891369179178467647387501717805737501875847432178684687364817873674693765917887598729857693598317698797464738717863876178493768476397468736947638717846973697631787649837659731563794937641

题目二

DKJ

Ksljdlksjlfkhdsdkjljfhkdjhlkfheoudkjhfdljekdhjeldkjjkdchkdkjduhfkhekduhdkjfkjahfkuhwuhdkjtoeriunkurnidkjturkfhkjdshlkjhdkjhgljahdfjhljflkalfkjdakljflkhfgfdjflkjlfjlkjrliuejfliejflijelifjhaedkjlkjfliaejflkjsfljledkjkfjlsdjflijslikfjkdlasklaiaijkjddjskddlaskdsjfl

题目三

094

091384091385094713087501874080944913804983108-89308504397409348740984308 757100948707401849370487104807509318483097503185040947580904187509809809201094384327509438094730570387094403753707580943109409128390914

题目四

PLQ

Plqwokdpoqekfopqkokdolkplqofkdloiqjikpoqekpplqodklkdpoekdplqpokqpokepplqokkpoqpqripokqpueokjpkplqfprowkfpokwpplqfokpqolkeplqpowpokpplqowkpoqkeplqplaqkepqpoqkeprokeqpokedpqokedpqokdpoeqkdpoqekpeoqkpqoekplppqlekpokpkdpqe

题目五

757

108374397577437194730175774081374174873817579750371675750170809849190837140981740387757708983140775780573017504070850427549018757391487974829875410975080878757017391779879857576701987087017579180873957891767

题目六

BMN

Mvnbmnbmfvmcbxvmncbmnmnzxmnmbmnznvzmbmnnvmzvxxmcvzmvbczmnvncnvmbmnzbmbmnxcbznvbnmzcbvmbmnncbmvnbczmvbzncvmbmncznvmcbvmnbvmzbmvzbmbcmnczbmbmzbvmbmnnczbcmbcmnzbvmnbxmcnbmzxbvmbmnnzbmzbmmn

侦探之眼第六集

每一道题目都有两个字的字词，你必须在下一行中将它圈出来。每十道题目限时三十秒。

1．两方——

两　元　两　方　两　国　两　辆

2．干燥——

干　净　干　寒　干　燥　干　柴

3．山丘——

山　洞　山　河　山　丘　山　坡

4．方才——

方　寸　方　式　方　才　方　向

5．知识——

知　道　知　耻　知　识　知　情

6. 中华——

中 秋 中 国 中 华 中 央

7. 事先——

事 实 事 前 事 先 事 务

8. 世间——

世 界 世 情 世 运 世 间

9. 告知——

告 示 告 别 告 密 告 知

10. 水井——

水 土 水 牛 水 手 水 井

11. 并用——

并 肩 并 用 并 且 并 立

12. 我军——

我 们 我 方 我 家 我 军

13. 交换——

交 流 交 通 交 际 交 换

14. 主义——

主 音 主 义 主 要 主 委

15. 不良——

不 理 不 良 不 安 不 易

16. 本来——

本 来 本 末 本 事 本 质

17．法则——

法　律　法　规　法　则　法　老

18．人口——

人　品　人　性　人　中　人　口

19．检查——

检　定　检　讨　检　查　检　验

20．急用——

急　切　急　忙　急　智　急　用

21．冷眼——

冷　淡　冷　静　冷　清　冷　眼

22．清酒——

清　水　清　算　清　洁　清　酒

23．决算——

决　心　决　算　决　议　决　死

24．下降——

下　方　下　等　下　降　下　集

25．别离——

别　针　别　名　别　致　别　离

26．明细——

明　白　明　确　明　细　明　星

27．上意——

上　书　上　意　上　流　上　级

28. 分割——

分　散　分　别　分　野　分　割

29. 信号——

信　条　信　任　信　物　信　号

30. 公告——

公　式　公　告　公　众　公　布

抽取过去的美好经验

吉尔奈·马克说：“记忆一旦与带有强烈情感的信息结合，就可以烙印在大脑上。”

大部分的人都会说：“今天真幸运！上班都没有堵车。”或是“今天真倒霉！一进办公室就被老板骂。”碰到好事是因为运气好，碰上坏事是因为运气差，所以很多人相信命理节目的预测，想要知道明天到底是好事多还是坏事多。

运动员最相信运气了，有人认为穿上次获胜时穿过的衣服，就可以再度打败对手等等，不外乎是因为比赛时需要高度集中注意力，相信自己美好的运气，是帮助提升专注力的方法之一。

记住美好的感觉，将之转化为专心的力量，是非常简单的。我们可以从过去抽取美好的学习经验，来当做这次的学习感觉。

请先拿出一张白纸，在上面以条列式的方式记录，将过去所有在学习上觉得很有收获的、很有成就的情况，不论大小全数写下来。记录的时候请注意，情况的描述越简单越好，但是关于感觉的部分要越详细越好。

举例来说，有一次上英文课时，老师问的问题，全部都可以回答，当时觉得很高兴，学得很有成就感，觉得自己很值得骄傲，对英文感觉一点都不难。

就把这样的感觉，详实记录下来。

将自己在学习情绪上的“丰功伟业”都记录完毕之后，请改写上面的内容，将它化为是自己常态性的表现。以上面的例子来说，可以将内容改写为“我知道我可以学习得很好，因为我能够回答所问的问题，而且这样的学习会让我很高兴，让我很有成就感，我知道学习新的事物一点都不难，在学习这方面，我可以为自己感到骄傲。（就像上次英文课时，老师问的问题，全部都可以回答时的那种感觉一样。）”

将全部的内容做一番改写之后，把重复的删除或合并。用字尽量越口语化越好，让你的潜意识对它有更高的接受度。将这张纸贴在书桌前面或笔记本上，在你每次要学习之前，就将这一张纸念一遍，让你的心灵不断地涌出学习是美好的感觉，这样就不会厌烦学习。

相信关于自己的好消息

建立心中美好的经验，不仅可以从过去抽取，还可以向未来预支。

福特汽车创办人，亨利·福特说："你认为自己行就行，不行就不行，完全操之于你。"就像台湾有一句话："要做、不做，由你决定"。对右脑潜意识而言，只有要不要，没有能不能。

明白且具体地说出自己的愿望，并且确定自己的愿望可以实现。潜意识中的愿望就像设计图，我们需要帮潜意识先画好设计图，越清楚、越简单、越明确越好，潜意识会根据这张设计图，无形中找到帮助我们完成作业的方法。

不过如果你怀疑自己的愿望，那潜意识也不会相信这张设计图是你的。所以要用现在进行式的话来宣告给潜意识听。如果我现在成绩一直都在十名之外，告诉自己说："我是第一名！"，"我现在正在一步步成为第一名中！"请问我们的大脑会比较相信哪一句话？

因此在学习之前，先告诉自己："现在我要开始学习了，我很肯定今天可以学得很专心，很有成就感，我现在越来越喜欢学习。"以类似的话语，打破过去对学习的负面心态与经验，重新建立自己快乐学习的心情。

学习之前要完成这些集中注意力的动作，并将它固定下来，就像写毛笔之前需要磨墨一样。让这些动作成为我们的心锚。让自己保持着轻松、自信、有企图心的状态，“兵来将挡，水来土淹”。如果觉得压力大，对自己要学的内容没有信心，甚至也不知道自己为什么要学这些内容，学习效果自然就会大打折扣。

“正确的学习态度”是学习任何内容的前提条件，而且必须是真的想学、对自己的学习能力有信心、确信所学的内容对自己有正面的意义，否则学习就会缺乏原动力。

专注力：六三六集中法

这个方法是我朋友在学习催眠后教我的放松方法，后来在教学上实际运用之后，我稍微将它改良了一下，让它更符合学习使用，步骤如下：

1. 先站立好，双手插腰，腰部转一转，然后用你最舒服的姿势坐在椅子上，闭上双眼，双手自然放在腿上，脖子转一转，肩膀动一动。

2. 用鼻子吸气，同时在心中读秒，慢慢地数一、二、三、四、五、六。如果还没数到六秒时，就已经喘不过气的人，表示平时的呼吸太短，比较急促。如果你只能读到四秒，那就先以四秒做自己的标准，以后再慢慢增加秒数。

3. 憋住呼吸，然后在心中读秒，一样慢慢地数一、二、三。

4. 接着用鼻子吐气，同样在心中读秒，慢慢地数一、二、三、四、五、六。如果你只能读到四秒气就吐光了，那就先以四秒做自己的标准。

这样完成呼吸一个循环我们算一次。一共做三次，就可以张开眼睛。

千万不要超过三次，根据我的经验，大多数的人睡眠普遍不足，尤其是在校学生，做这个动作只要超过三次，就会开始想睡觉，那就不是我们所想要的状态了。

第四篇 创造良好的学习环境

空间布置

控制脑波

善用音乐，帮助学习

锻炼潜意识：浅层冥想

抱持体力

蔡戈尼效应

克服遗忘曲线

善用 80/20 法则

良好睡眠

空间的布置

学习空间不要太狭隘

注意看一下开会的时候办公室的同仁或是上课时的班上同学，你会发现每一个人专心时都有自己的轻松动作，有的人喜欢托着脸颊，有人喜欢转笔，有人会歪着头，有人会点着烟放在旁边，有人喜欢趴在桌上，有人喜欢旁边泡一杯茶等等，每个人的舒适姿势都不相同。

如果学习时的空间很狭隘，旁边的人随便一个动作都会干扰我们的思绪。如果你曾到过台北市南阳街的 K 书中心，你会见到每一个人的座位，都用木板隔开，坐下去时绝对看不到前后左右邻居在做什么，不过很多人都是租了位子，但还是坐不住，无法专心，原因就在于每个人的座位狭小，给人很大的压迫感，自然而然脑中就必须挪出一点心力去抵抗这种感觉，不容易长时间专心阅读。

另一方面，宽敞的空间自然空气流通很好，当高度集中注意力时，身体的新陈代谢会加快，大脑耗氧量也会增加，一旦大脑觉得缺氧，就会产生疲倦感，自然会感到头昏脑胀不想学习。

赌博是一种很容易让人沉迷的活动，虽然空间狭小或是拥挤影响不大，但拉斯维加斯的赌场还是会在空调内释放纯氧，让赌客可以继续赌下去，以免因身体疲倦而不想赌博。

当然温度与湿度的控制，怎样比较舒服也是很重要的。

声音的控制

嘈杂的环境也很难专心学习，因为大脑会疲于应付周围的各种声响，但是当四周环境太过安静，会让我们的耳朵对一丝丝的声音很敏感，反而更容易注意旁边出现的声音。

周围声音的大小控制因人而异，期末考之前常常可以看到图书馆的自修室被挤爆了，还要一大早去排队才有座位，同时也可以看到像麦当劳等吵闹的快餐店里，有很多学生在看书。

我个人因为自小家住在大马路旁边，车水马龙的声音要持续到晚上十一点过后，家里才会比较安静，因此从小练就了充耳不闻的本事。其实我们的感官很容易养成习惯。尤其是被妈妈训话时，耳朵自然而然就闭起来。但是前提是我们的大脑要很清楚地知道现在要做什么，才是重要的。

如果本来就很不容易专心的人，或是对于要学习的内容并没有极大兴趣时，我们可以借由塑造环境来训练我们的大脑及感官做反应。后面我们会提到，播放巴洛克时期的音乐或自己喜好的音乐，都会让身心产生适合学习的脑波与情绪，让身体自然而然地专注起来。

设定对学习空间的心锚

船锚是当船要在某一地停留时所用的工具，将船锚放下是船将在此地作较长时间停留的第一步骤。因此我们可以在心中设立一个心锚。

如果家中空间允许的话，设置一个空间独立的书房。学习的地方不要跟帮助入眠的卧房在一起，也不要跟全家欢乐的客厅在一起。这个空间只有一个功能：就是学习！

这个空间必须断绝一切跟我们日常生活相关的信息，才不会让我们在学习时还会因周围的环境联想到其他的事物。只要一进入这个空间之中，让你的大脑及身体清楚地知道，现在该是学习的时候了，让身心能更快速地进入学习状态。

每个人对空间的感受不尽相同，如果家中的空间不够多，可以在外找寻不熟悉的空间，例如很多作家选择饭店作为赶稿之处，学生选择图书馆，上班族可以选择公司的会议室，作为自己的学习独立空间。

也有很多人选择不加班而将工作带回家，反而效率更高，这也是因为在家中有属于自己的空间的感觉。

要避免引起心理的紧张感

有人喜欢将桌椅面对窗户设置，一方面光线充足、空气好，另一方面视觉不受周围人的走动而影响。有人因为背对门口，不知何时会有人接近而造成心理的紧张感。但是如果门是自己可以决定上锁的，那就不是问题了。

有人喜欢背靠着墙壁坐着学习，因为前方的一切动向都在自己可以看得到的范围内，反而可以安心、专心。

至于桌椅的高度，必须配合每个人的身高做调整，坐姿要注意双脚刚好平踩到地上，大腿才不会受压迫而酸麻。脖子一定要保持直立，不可前倾或后仰，因为身体的不良动作都会妨碍血液的循环，让身体新陈代谢减慢，供应脑部的含氧量就会降低。

桌面的物件不要太多，跟现在要做的事情不相干的东西全数收起来，避免视觉受到影响而分心，别忘了大脑天生的联想力是很惊人的！如果平时桌面喜欢堆满东西的人，也不要一下子将桌面收得太干净。除了书跟笔以外，什么都空空的桌面，反而更会让人想找点什么东西来放，这样的念头一旦产生就念不下书了。你看电影中审问犯人的房间，什么东西都没有，反而更容易引起犯人的紧张感。重点是找到让你觉得安心的桌面摆设，让你能专注起来。

室内灯光要控制

想象一下，如果在大太阳底下看书，阳光直射在书本上，我们一定会觉得很刺眼的。室内光线太亮或太暗，都容易造成眼睛的疲劳。不过每个人对于光线的感觉不同，以自己对明亮度的感觉为标准，调整室内的灯光。

如果书桌旁边的灯光太亮，对我们视野的眼角余光可及之处，如果都看得一清二楚的话，也容易造成我们的分心。所以可以控制一下，让周围的光线稍暗，而书桌或办公桌上的光线明亮，让我们自然把焦点放在桌子上。

控制脑波

东方医学强调让身体发挥本来的能力，人就不会生病。西方科学家强调分析身体的各项部位，以查明发生的状况。因此，对于脑部的研究，有了脑波的测量，才让我们发现原来我们可以控制我们的脑波，让我们的脑波快速进入良好的学习状态。

就像是广播电台或电视台发送信息一样，人脑以不同频率的脑波来传递信息。当我们的头脑在思考时，大脑就会发出微量电波。使用脑波检测器测量我们的大脑时，清醒与熟睡时的脑波模式是截然不同的，可以分为四种脑波：

β 波，有人称为压力波、意识波，也就是有意识时的脑波。以每秒十三到二十五周波的频率运行着。不管是我们在清醒的时候、专心的时候、承受压力，或在思考、分析、说话、行动，大脑就会发出这种脑波。

α 波，又称为放松波、优势波，也就是当你的身心放松时，入定沉思时的脑波。以每秒八到十二周波的频率运行着。当我们在做白日梦，或者胡思乱想的时候，大脑就会出现这种脑波。我们也可以说这是一种“心情很轻松，注意力高度集中”的清醒状态。

θ 波，它是属于熟睡和觉醒之间的脑波，又称为假寐波、宇宙波、佛陀波，也就是当我们沉溺于幻想或者刚入睡时，所发出的脑波。以每秒四到七周波的频率运行着。这是一种“半梦半醒”的朦胧状态。心灵正在处理白天所接受的信息，许多的灵感可能会在这时候出现。许多禅修、静坐、打坐的人，当他们入定时，脑波会出现 α 波、θ 波，甚至是两种脑波交替出现。宇宙的波动频率是“7.5 兆赫”，这个频率刚好是介于 α 波和 γ 波之间的频率。

γ 波，这种脑波是熟睡时释放出来的脑波，也是毫无意识的状态。以每秒二分之一到三周波的频率运行着。

什么是最适合学习的脑波呢？这必须取决于我们的学习状态是处在什么时期。如果现在需要大量吸收信息，β 波会让我们很有效率。如果在了解某项事物之后，需要整合、分析、研究该信息，α 波会让我们处在放松式的清醒状态中。

事实上 β 波让我们将注意力集中在处理问题上，或日常活动中，这时候我们是处在“见树不见林”的状态中，我们的直觉之门是封闭的。而 α 波最强势时，专门负责逻辑思考的左脑就会放松警戒状态，是处在比较开放、容易接受的心灵状态，更容易进入潜意识中，可以更有效率地将信息存入长期记忆中，我们的直觉力、情感、创意力也能发挥更大的作用。

我们可以通过一些方式，来诱发我们的脑波处在良好的学习状态。

善用音乐，帮助学习

曾有研究者在加州大学欧文分校做了一项实验，针对三十三位三四岁的儿童展开为期八周的研究，在学习的时候，如果同时播放各种音乐，可以提高在拼图方面的学习效率，但在其他测验方面并无明显差异。拼图需要我们的图像与逻辑能力，因此研究小组下了一个结论——音乐可以刺激头脑从事逻辑推理的功能。音乐对学习有益，这项论点，柏拉图早就已经提出来了。

谈到学习，就不能不提巴洛克音乐或莫札特音乐。加州大学同样也做了一个实验，让学生听莫札特 D 大调双钢琴奏鸣曲第四四八号，在测验的当时也同样让学生听音乐，可以提升空间推理的能力。往后更有许多教育理论书籍指出，巴洛克时期的音乐或具有每分钟六十拍特性的音乐，一样可以提升我们的学习效率。这种音乐，让人感觉精神很放松，同时又兼具警醒的感觉，因此跟脑波呈现 α 波时的心灵状态是一致的。

这项听音乐提升学习效率的实验结果，虽然目前有一些科学家并不以为然，不过在我自己的教学经验中，听音乐的确是可以提升我们的学习效率，巴洛克时期的音乐当然是一项美好的选择，但不见得一定要是莫札特音乐或是巴洛克音乐，也可以达到同样的效果。如果容易被音乐吸引注意力的人，那音乐的存在就不是助力，而是阻力了。

在学习的时候播放音乐，不仅可以阻绝我们的听觉与外界杂音的接触，同时选定自己喜欢的音乐类别，也可以让我们产生愉悦的感觉，将这种愉悦的感觉与学习经验相结合，自然而然就不会觉得学习是痛苦的。而且只要心情愉悦，脑波自然呈现 α 波状态，就能加速我们的学习。

选择学习背景音乐时，第一选择是自己喜欢的音乐，但要注意绝对不可以有歌词或是人声在里面，容易将注意力转移到音乐的歌词中。我在教学实验中，发现如果播放的是大家都听不懂的语言的歌曲，只要是节奏轻快的也可以达到同样的效果。市面上也有贩售一些轻音乐、水晶音乐，也是很好的选择。

热门舞曲、摇滚乐、重金属音乐、嘻哈音乐、流行音乐，也绝对不在考虑范围内。这一类的音乐，只会让我们的心跳得更快、情绪更激昂，这时脑部呈现的就是 β 波，是不利于吸收内化的状态。同时多动症的征状不只是儿童才会有，新闻曾经报导过长期听这一类音乐，会导致成人行为出现多动的状态，也就是注意力不能集中的状态。所以不要小看进入我们潜意识的任何一项信息，都有可能造成我们行为上的不良状况。

至于一些灵修、打坐、禅坐的音乐，我个人不建议，这一类音乐对没有这些经验的人来说比较容易诱发 θ 波，让我们进入想睡觉的状态。

音乐的选择是因人而异的，每个人可以依据自己对音乐的感觉，去选择适合自己的学习背景音乐。千万不要先播放好音乐，才开始准备学习的相关书籍或工具。只要一坐下来开始准备学习，就要开始播放音乐，让我们的头脑为自己下一个心锚：只要音乐一开始，这就是让我最有学习效率的情境！

有些人对外在的声音容易过分敏感，音乐的播放也能在我们的周围形成一种无形的空间，让我们跟其他杂音作一种阻隔。

锻炼潜意识：浅层冥想

“今天好累喔！明天再读吧！”“今天太晚了，明天再读吧！”“等下周再一起把阅读进度赶齐好了。”“提不起劲，没什么精神。”虽然心中想不读不行了，我们却常常总是忍不住给自己找不读书的理由。因为常常替自己找借口，久而久之学习进度就大幅落后，然后又告诉自己：“哎呀！这方面我就是不行嘛！”又找了第二个借口。

因为我们是人，所以总有意志软弱、心情不好或是身体不适的时候，这时就要靠潜意识来帮忙了，自然在脑中浮现“学习比看电视有趣”“学习比睡觉有意义”。

想一想，我们日常生活中，无意识的行动比有意识的行动还要多。走路、吃饭、骑车、开门等，我们不会一步步地考虑要怎样做才行，我们都是自然而然无意识就这么做了。

控制日常生活活动的就是潜意识，而潜意识又特别容易受到情感的影响。有时意识到今天非要读书不可，心中就是提不起劲，放任这样的情绪将我们带离书桌前面。

对学习的焦虑，来自脑中的负面思想，这些负面思想往往来自于小时候父母对我们说的话，并且随着生活慢慢地演变成我们对我们自己说的话。从小时候到现在，不管是父母或是亲朋好友，她们对我们说的话，会带给我们两种信息：一种是外在的表面信息，一种是进入潜意识的信息。这些信息进入我们的头脑意识里，我们根本忘了它们的存在，但它却不时从意识深处影响着我们，所以常常在重要或关键时刻，我们会感受到一些不知为何却难以控制的情绪或思想，如恐惧、紧张、“我一定做不到！”、“我不够好！”、“事情怎么可能进行的这么顺利，不可能的！”等等。

例如，妈妈叫小孩赶快把电视关掉去念书，半小时后发现我们还在看电视，妈妈忍不住大声骂人：“你怎么这么不听话！”或是“你怎么这么不懂事，该念书的时候都不念书！”不管我们当时的反应是如何，不管有没有马上关掉电视去念书，我们的潜意识都收到了这样的信息：该念书的时候不念书。潜意识不会删选信息，只会照单全收，如果类似的信息接收的次数多到某程度时，最终我们就变成了该念书的时候都不念书——就是妈妈当初告诉我们的一样。

反之，当头脑认为“这样做很好”，而潜意识也认为“这样做很好”，支配行动力的潜意识就会让我们产生具体的行动，情绪也不会觉得辛苦，而能够轻松愉快地学习。

我们需要放掉脑中的负面信息，进而给予潜意识一些正面的语句，将潜意识负面的影响力扭转为正向的助力。

当你需要控制学习焦虑时，就需要对自己说话。没错，大声地对自己说话，甚至是与自己讨论，最好可以深入问题的核心。当然作这样的自我讨论时，需要一个安静的空间独自进行，不然一定会惹来异样的眼光。

你可以问自己：

“现在我的心情如何？”

“这本书是怎样被我选中的？”

“我现在打算怎样阅读它？”

下一步就是将学习的目标写下来贴在书桌前面，让眼睛常常看到纸条，让潜意识将这件事视为重要的行动。

α 波的出现，必须在身心状态放松的情形下。透过冥想可以帮助我们进入放松状态。关于冥想，坊间有相当多的书籍在谈论，在灵性的课程里面冥想是很重要的，那是一种意义较深沉的冥想，这里我只就对学习有帮助的浅层冥想方式作说明。

当学习背景音乐一播放，坐在椅子上闭上眼睛，双手自然放在腿上。大大地深呼吸一次。深呼吸时，请用鼻子吸气，慢慢地吸，直到感觉自己的肚子都涨满了空气。接着用嘴巴慢慢地将气吐出，吐到感觉自己的胸腔及腹腔已经没有任何气体可以吐出。

刚开始做的时候身体可能不习惯，所以在深呼吸之后，会想要赶紧再吸一口气，没有关系，就让身体自己带领自己，不要压抑。

现在第二次深呼吸。猛然吸一口气，就在呼吸完这口气之后，再接着做第二次深呼吸。第二次深呼吸时，吸气的同时请你在心中对自己说：“现在我要开始学习了，我的精神很好。”呼气的同时请你在心中对自己说：“我知道我可以很有效率地完成这次的学习。”

继续闭着眼睛，用你自己的方式呼吸，慢慢地从上到下，告诉自己头皮放松，耳朵放松，眼皮放松，鼻子放松，嘴巴放松，脸颊放松，脖子放松，肩膀放松，手臂放松。

现在做第三次的深呼吸。吸气的同时请你在心中对自己说:“现在我要开始学习了，我的精神很好。等我开始行动了，我能在三分钟内达到专心学习。”呼气的同时请你在心中对自己说：“以后当我冥想后，我就能马上进入有效率的学习状态，我知道我可以很有效率地完成这次的学习。”

完成之后，张开眼睛打开书本，开始享受今天的学习吧！

如果今天是坐在教室里听课或听一场演讲，当你将一切需要的工具都准备好时，就可以开始上面的冥想。在每次学习前，做一下简单的冥想，不仅有诱发 α 波的产生，更让我们的身心习惯“现在要开始学习”的讯号。

保持体力

在我的课堂上，很多学生都会将饮料摆在桌上，我也允许他们边上课边喝饮料，但跟其他老师的班级很不一样的是，我班上的同学喝的饮料都是温的白开水。

在我的课堂实验中发现，学生长期待在空调房中学习，因为没有流汗，所以不会察觉身体的水分在散失。人体有百分之七十的含水量，当身体中的水分不足时，体内液体浓度增高，变得粘稠，新陈代谢及氧气供给的速度自然会减缓，这时脑部就会产生头晕、倦怠的现象，注意力自然就不容易集中。因此我很赞成，学习时桌上一定要摆一杯开水随时补充水分，以维持身体的正常代谢。

冰开水喝起来畅快，尤其是夏天的时候，咕噜咕噜地喝上一大杯，实在是畅快无比。不过当嘴巴一碰到冰的东西时，大脑自动会下一道指令，通知身体做好保持体温的措施。因此血液会先集中到相关的器官去保护身体，喝冰水只会增加我们身体的负担。因此我都建议学生喝不冰的开水就好，如果可以喝温的更好。

工作效率变低时，做简单的伸展体操都能快速消除疲倦感。可以试试肩颈放松体操：全身放松，站好。先向上耸肩，很快放下来，在放下肩膀时，将颈部向左转。再一次做耸肩及放下肩膀的动作，然后将颈部向右转。左右交互进行，重复几次，最好到感觉全身放松为止。结束之后再伸伸懒腰，你会很舒服的。

也可以让自己打哈欠！因为打哈欠可以把气一次呼出，然后让新鲜空气自然流进，大量的氧就被吸收了。如此一来，向脑部输送充足的氧气，改善脑部血液循环，提高脑部机能。大口呼气几次以后，心神立刻平静。用鼻子慢慢吸气，吸到不能吸为止，再接着用嘴巴慢慢呼气，呼完为止，如此这般反复做几次即可。

大量运用脑部工作是很耗费体内能量的，身体约有百分之七十五以上的能量是由大脑消耗的，适时适量地补充热能让我们也较不容易疲倦。当需长时间阅读时，不妨休息时吃点零食；咀嚼可以运动脑部，同时吃喜欢的东西心情就会快乐，无形中也提升学习情绪。

蔡戈尼效应

蔡戈尼博士研究发现，学习刚开始的时候跟结束的时候，我们的学习效果最好，就像图 A 的曲线一样。因此，假设我们要学习的时间总共有三个小时，我们可以将时间切割成三等分，学习效果就会像图 B 一样，有三段曲线。将两张图重叠，分段学习的效果，比没有分段学习的效果还要好，就像图 C 的虚线跟实线曲线之间的部分，这是分段学习后所自然而然增加的，并不需要使用特别的学习技巧就可以达到。

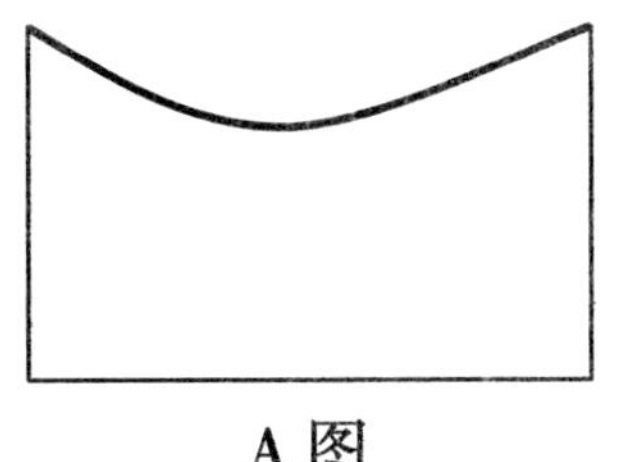

A 图

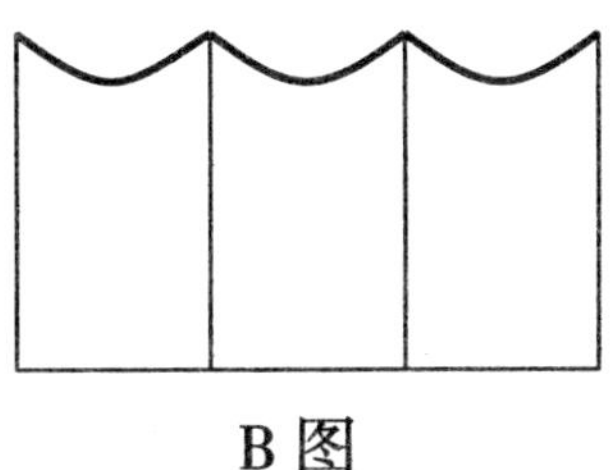

B 图

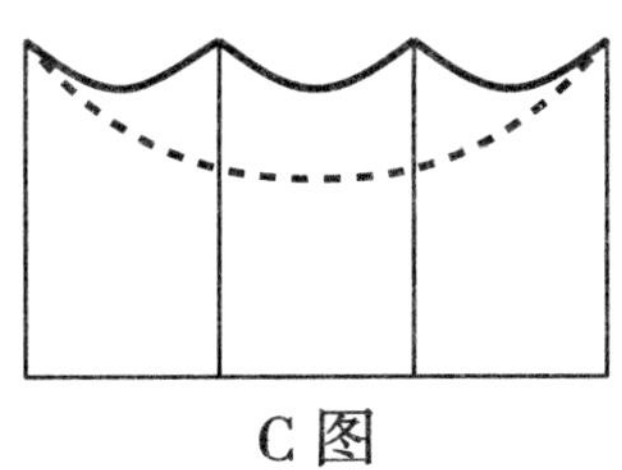

C 图

将学习视为分秒必争是不容易有好的学习效果的。之前我们提过，初中之后，我们的学习最好是四十分钟到五十分钟为一个段落，段落之间的休息时间不要超过五到十分钟，休息时选择上厕所、看远方、喝水等活动，离开座位让你的心思暂时远离书本，也不要看电视，让头脑不要再想任何东西，保留一段的空白，让刚刚的学习内容有机会进入到潜意识之中。

在学习一开始时，决定好固定学习时间，也可以给我们的意识一些时间的压力，让意识保持警醒的状态，告诉自己一坐下去就要五十分钟才可以离开座位。

有时候太在意时间，反而让我们分心。可以设定闹钟提醒自己时间到了，但将闹钟放在远处或是看不到的地方，不要让心思放在注意时间上，只要知道这一段的学习时间是五十分钟就好了。

克服遗忘曲线

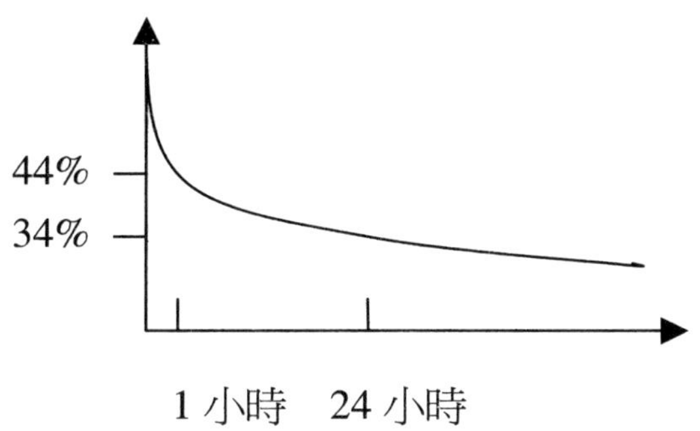

说到学习，一定都会提到 1884 年艾宾浩斯所提出的遗忘曲线。试验后发现，当我们学习结束后一个小时，我们已经有一半以上的东西都忘记了，只留下百分之四十四的学习内容。学习结束后第二十四小时，差不多有三分之二的内容全部忘记，我们剩下百分之三十四的内容还停留在脑海中。超过二十四小时所遗忘的就很有限，因此把握二十四小时内做复习是必要的。当不使用任何记忆技巧时，超过二十四小时还停留在脑中的内容，就表示已经进入长期记忆区中。每个人的遗忘曲线其实是不尽相同的，共同点都是一小时至二十四小时内忘得最多，超过二十四小时忘的内容就很有限了。

因此，当我们刚学习结束时，一个小时之内，如果将学习重点快速地浏览一次，就可以加深学习印象。在二十四小时内，将学习重点以自己的话语重新纪录，重新整理笔记，就能将学习由短期记忆推入长期记忆。小时候都很讨厌回家写功课，长大后才发现，原来写家庭作业可以让我们吸收得更好。

善用 80 / 20 法则

全世界百分之八十的人口拥有全世界百分之二十的财富，看看中国大陆跟印度就知道了。相反的，全世界百分之二十的人口却拥有全世界百分之八十的财富，看看日本跟美国就知道了。世界首富比尔·盖茨在2004年依旧是世界首富，一人就拥有了四百六十一亿美金！

80 / 20法则真的是一个相当有意思的理论，运用在各个领域皆能说得通。只要掌握了关键部分，就等于掌握了全体。在学习上，阅读中百分之八十的内容是在叙述说明那百分之二十的重点，所以运用逻辑力抓出那百分之二十的重点，就等于掌握百分之八十的内容了。

做笔记以记录重点为原则，以后重新翻阅内容时，也可以轻易了解重点之间的前后关系，比纪录整句话，更能提高专注力与理解力。纪录百分之二十的重点内容，等于是帮我们大量节省后面的复习时间。

主动式学习，因为有学习动机，当然学习效果好。演讲、听课一定要记笔记，帮助提升专注力。

良好睡眠

如果能配合生物钟，找出身心状态最佳的时间来学习，那就太棒了。

先检验一下，早上起床后你的身心状态如何？

起床后觉得神清气爽、头脑灵活，盥洗、吃早餐、看早报、出门上班都觉得活力充沛，到公司之后约十一点左右就觉得期待午餐休息时间的来临，表示你是属于第一型的人。这一种类型的人最适合早睡早起的生活型态，早晨的头脑最清晰，最适合拿来学习。

起床、盥洗、吃早餐、看早报、出门上班，九点到公司之后还是脑袋处于空白状态，约十点左右发觉今天的工作干劲来了，表示你是属于第二型的人。这种类型的人，一大早起床学习就不适合了，接近中午或是黄昏的时候，是头脑最清醒的时刻，比较适合做大量用脑的学习。

以上是简单的自我检验方法，可以找一个礼拜，每天每两个小时纪录一下自己的精神状况，可以找出自我最佳学习时间。以我个人为例，最佳精神在早上十～十二点、下午四～五点、晚上八～九点、晚上十一～十二点。最差精神在下午二～三点。

以上是一般状况，有时过大的压力会让我们产生焦虑，进而影响睡眠。怎样都觉得睡不饱、精神很差。在睡眠中若无法得到一定程度的休息，脑袋还是昏昏沉沉的，想睡觉，自然就影响学习。

有一次训练课程，早上七点要起床，其中一个工作人员因为是新手，头天晚上到半夜二点时还是睡不着，必须靠安眠药才能睡着。吃过安眠药的人就知道，靠安眠药入睡但是隔天醒来时，并不会觉得睡得很饱、睡得很深沉。

每个人都有必要经由睡眠消除疲劳，让我们的心理跟生理都得到满足，并使头脑变得清醒。这种方法就是如何睡得更熟？在这里并不是指缩短睡眠时间，而是配合自己的生活节奏，让睡眠更有效率。如果无法熟睡，不管睡多久身心都会出现睡眠不足的状态。睡眠的问题，不在时间长短，在于熟睡的深度。

健康的好寝具

稍微硬一点的床垫、柔软的棉被对我们的睡眠有帮助。过于柔软的床垫，会使身体下陷，身体下方承受更多的压力，不容易自然翻身，释放身体压力，就无法消除身体的疲劳，让睡眠不安稳。也容易导致脊椎弯曲，对内脏产生不良作用。

棉被最好选择保暖性、吸汗性佳，不会产生静电的天然纤维棉被对健康最好。太硬的棉被，对心脏及血液循环会产生压迫。

挑选适合自己的枕头，可以促进脑部血液循环。研究适合自己的枕头高度，让颈椎保持水平是重要的。枕头必须散热性佳，可以配合头形，软硬适中。

除去身体的束缚

睡觉时务必将身上多余的物品取下，例如手表、项链、耳环、手环、戒指等，即使是睡眠状态中，我们的皮肤仍旧会将所有的感觉送到大脑。睡衣最好不要有松紧带的设计，让身体的热气可以顺利排出调节，不会因为闷热，让我们睡觉翻来覆去的。睡衣材质以棉为上选。如果是敢裸睡的人，不妨裸睡，完全除去任何外在束缚。

安静的睡眠空间

睡眠时最好将窗帘拉上，使用遮光窗帘更好，完全阻隔窗户外面的光线。或者戴上眼罩，减少光线对眼睛的刺激。

闹钟的嘀嗒声，有时反而引起耳朵的注意，不妨带上耳塞，将细微的声音隔绝在外，放心！闹钟的响声还是会把我们吵醒的。

有时候我们也可以在睡眠时播放可以让自己放松的音乐，坊间有很多这样的主题音乐可以选择，不过每个人对音乐的喜好不同，建议试听后再决定固定哪一首曲子作为自己的睡眠音乐。

训练放松身体

不要以为紧绷的肌肉是力量的象征，那是能量的浪费。学习放松并不是要你学习偷懒，而是要你学习把能量放在重要的事物上。

很多人觉得学习放松跟学习呼吸都是可笑的、多此一举。其实真正懂得放松的人是极少数的人。当我们面临压力时注意一下自己哪些肌肉是紧绷的。以后当这些肌肉紧绷起来时，就可以提醒自己该放松了。

上床之前，简单地做一些伸展操，让我们的肢体更容易放松。

渐进式放松：躺在床上闭上双眼，先吸一口气再紧绷身体全身的肌肉，这时停止呼吸并保持紧绷状态五秒，然后放松并大大地吐出一口气。再一次深呼吸，鼻子吸气，嘴巴吐气。

在心中告诉自己："现在我的头皮放松了。"

"轻松的感觉，慢慢地往下，我的耳朵也放松了。"

"我的额头放松了。"

"我的眼睛放松了。连眼睛旁边的肌肉全部都放松了，眼睛完全张不开了。"

"我的鼻子也放松了。"

"我的脸颊放松了。"

"我的嘴巴放松了。"

“我的下巴放松了。”

“我的脖子放松了。”

“我的肩膀放松了。”

“我的手臂、手、手指头都放松了，完全不想动。”

“我的胸口、肚子、臀部也放松了。躺着好舒服，完全不想动了。”

“我的大腿放松了。”

“我的小腿放松了。”

“我的脚丫子、脚趾头也全部都放松了。”

通常大概放松到肩膀部分，我就已经呼呼大睡了。

之前所提的六三六集中法，拿来做身体的放松对帮助睡眠很有效。只要不断地重复呼吸步骤，很快就会进入梦乡。

还有一种方法，我个人经常使用，通常第一轮还没做完我就已经睡着了。我称呼它是“数羊的改良版”，不数羊而改成数呼吸。

闭上双眼深呼吸一次，在吐气的时候内心说：“一”。做第二次深呼吸时，同样的在吐气时内心说：“二”。就这样不断地重复，从一数到十，算是一回合，再进行第二回合。

晚餐不要太晚吃且吃太饱

中医有一句话，“胃不和，则卧不安”，明白指出肠胃没顾好，造成胃气失和、消化不良、腹胀不适，很难有一夜好眠。

不论中、西医都认为，适当的三餐分配要像倒金字塔，就是早餐吃得丰盛充足，午餐适中，晚餐则清淡少量。

要是晚餐的菜色尽是油脂多的食物，就需要花更多时间消化，一直到你上床就寝，可能肠胃还在拼命工作，无法休息，或负担过重而消化不良，夜里当然睡不安稳。

另外，就如同第二篇中所言，高碳水化合物的饮食会让人昏昏欲睡，高蛋白饮食会让人精神抖擞。

而抽烟是降低学习效率的凶手之一，抽烟会减少新陈代谢中所需要的氧气量，而脑部需要碳水化合物的新陈代谢来提供脑部运作的能量。当新陈代谢不足时，身体会出现“迎战”或“逃跑”的反应：“迎战”表示面对问题，身体细胞准备好应付压力来源；“逃跑”则是放弃，远离躲避压力来源。当身体出现上述两种反应时，不管哪一种反应，都会让脑部缺乏思考和行动的能量。我们需要一颗清醒的头脑，却自己先减弱了自己的反应能力。

加上血液中的含氧量下降，抽烟者更容易感到疲倦，体能也更差。当然含氧量下降后，头脑的反应会变慢，专注的时间也会减少。